Le développement durable :
nouvelle idéologie du XXIᵉ siècle ?

Prospective
collection fondée et dirigée par Philippe Durance (CNAM, Lipsor)

Série « Mémoire »

Berger (Gaston), Bourbon-Busset (Jacques, de), Massé (Pierre), *De la prospective. Textes fondamentaux de la prospective française (1955-1966)*, textes réunis et présentés par Philippe Durance ; $2^{\text{ème}}$ édition

Série « Essais & Recherches »

Bernard (Philippe J.), *Le pouvoir des idées. Comment vivent et se transforment les sociétés contemporaines*

Cazes (Bernard), *Histoire des futurs. Les figures de l'avenir de saint Augustin au XXIe siècle* ; préface d'Emmanuel Le Roy Ladurie

Colloque de Cerisy, *L'économie des services pour un développement durable, Nouvelles richesses, nouvelles solidarités* (Prospective VIII), coordonné par Édith Heurgon et Josée Landrieu

Durance (Philippe), Cordobes (Stéphane), *Attitudes prospectives. Éléments d'une histoire de la prospective en France après 1945*

Guigou (Jean-Louis), *Réhabiliter l'avenir. La France malade de son manque de prospective*

Lesourne (Jacques), *Mémoires d'après mémoires (2000-2005)*

Série « Problèmes & Méthodes »

Gabilliet (Philippe), *Les conduites d'anticipation. Des modèles aux applications*, préface de Michel Godet

Série « Prospective appliquée »

Dumont (Gérard-François) (dir.), *Populations et territoires de France en 2030. Le scénario d'un futur choisi*

Margat (Jean), *L'eau des Méditerranéens. Situation et perspectives* ; préface de Mohamed Ennabli, président de l'Institut méditerranéen de l'eau

Hors série

Baudin (Mathieu), *Le développement durable : nouvelle idéologie du XXIe siècle ?*

Mathieu Baudin

Le développement durable : nouvelle idéologie du XXIe siècle ?

L'HARMATTAN

© L'HARMATTAN, 2009
5-7, rue de l'École-Polytechnique ; 75005 Paris

http://www.librairieharmattan.com
diffusion.harmattan@wanadoo.fr
harmattan1@wanadoo.fr

ISBN : 978-2-296-08622-7
EAN : 9782296086227

En couverture, « L'arbre automatique », création de l'auteur

Aux rêveurs de possibles.

Sommaire

Le développement durable, une approche globale du développement humain 15

Chapitre 1. De la genèse à l'engouement 21
Les prémices 21
Les signaux 23

Chapitre 2. Le constat d'une pérennité menacée 35
Les impasses dommageables 35
Les limites d'un système 44

Chapitre 3. Un sillage vertueux 49
Le commerce équitable, la consommation citoyenne et le commerce éthique 49
Les placements éthiques et les investissements socialement responsables 54
Les énergies renouvelables 57

Chapitre 4. Un nouveau credo diplomatique et politique ... 61
Développement durable vs capitalisme néolibéral : un nouvel ordre mondial 61
Le Vieux Continent comme nouveau modèle 68

Chapitre 5. L'entreprise, entre contraintes et opportunités 75
La réputation et la confiance 77
Le carcan et l'initiative 81

Chapitre 6. Valeur et quête de sens 85
L'idée de générations futures 86
Une alternative pragmatique 88
Le sens du futur 90

Principaux repères chronologiques 95
Index 97

Le développement durable, une approche globale du développement humain

Responsabilité sociétale des entreprises, commerce équitable, investissements éthiques, énergies renouvelables, éco-conception, écologie industrielle, consommation citoyenne, communication et achats responsables... Difficile d'échapper au phénomène du développement durable tant les articles, conférences, discours, campagnes marketing et autres colloques internationaux à son sujet font florès.

Mais, de la même manière que l'on n'explique plus l'écologie, le libéralisme, ou encore la démocratie avant d'en discourir, le développement durable est entré dans ce panthéon d'expressions dont on entend souvent parler sans trop savoir à quoi elles correspondent exactement.

Pourtant, dans une période surinformée où le besoin de sens s'exprime avec une actualité croissante, où l'innovation et les *green tech* se confondent pendant que les espoirs de nouvelles bulles se peignent en vert, une réflexion globale s'est installée touchant tous les acteurs d'un XXIe siècle qui se repense à l'aune de ses limites.

Si l'on parle beaucoup de développement durable, force est de constater qu'il est très difficile d'en trouver une définition précise. Démarche, approche, dynamique, stratégie, concept... il semble y avoir, à première vue, autant d'acceptions que de protagonistes pour en parler.

Pour la majeure partie des sites Internet qui en traitent, et ils sont nombreux[1], la chose semble entendue : on ne trouve plus de nos jours de définitions didactiques sur le sujet. Alors qu'au début de l'an 2000 des trésors de pédagogie étaient déployés pour présenter le concept, l'internaute d'aujourd'hui

---

[1] Autour de 10 millions sur la toile francophone fin 2008, plus de 22 millions sur la toile anglophone.

16   Le développement durable, nouvelle idéologie ?

est censé savoir de quoi il s'agit afin d'apprécier les informations afférentes qui lui sont proposées.

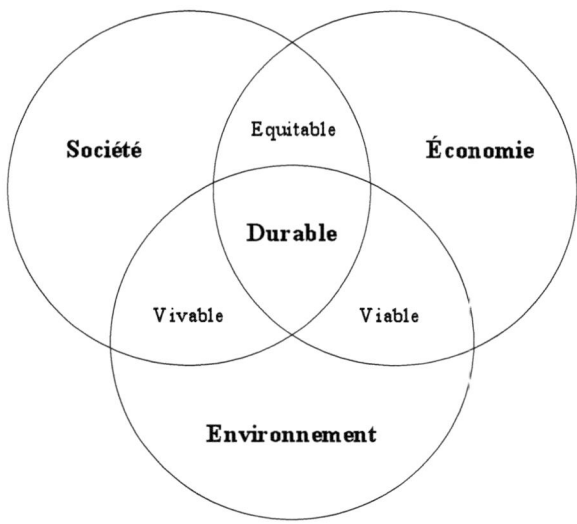

Fig.1 — La représentation classique du développement durable
(approche « latine »)

Pour toute définition, la plupart se réfèrent à une phrase unique, sorte de sentence créatrice originelle : « développement qui répond aux besoins du présent sans compromettre la capacité des générations futures à répondre aux leurs » ; une phrase lyrique extraite d'un rapport au titre de la même tessiture, *Notre avenir à tous*, autrement appelé *rapport Brundtland*, rendu public en 1987 par la Commission mondiale de l'environnement et du développement.

Un autre référent commun repris régulièrement consiste en une représentation métaphorique et géométrique du développement durable en trois sphères d'égale importance qui s'entrecroisent (cf. figure 1 *supra*) : l'une économique, l'autre sociale, et la troisième environnementale. À la jonction de la sphère de l'Économie et de celle du Social, on trouve l'idée de « l'Équitable ». À la jonction de la sphère du Social et de la

Le développement durable, une approche globale

sphère de l'Environnement, on trouve l'idée du « Vivable ». À la jonction des sphères de l'Environnement et de l'Économie, on trouve celle du « Viable » ; la conjonction des trois sphères formant en son centre un blason vertueux symbolisant l'idée d'un développement « Durable ».

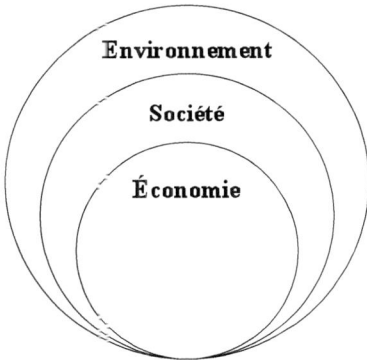

Fig.2 — L'approche « nordique » du développement durable

Il est intéressant de noter que, si cette formulation spatiale s'est imposée, nos voisins scandinaves intègrent pour leur part la sphère économique (outil de l'Homme) dans la sphère sociale (activité humaine), elle-même englobée dans la sphère environnementale (la Nature), l'idée de développement durable résidant alors dans la préservation de l'équilibre de cette hiérarchie (cf. figure 2 *supra*).

Il s'agit donc d'une certaine approche globale du développement, mettant les dimensions sociale, environnementale et la rentabilité économique en synergie, ou en tout cas, *a minima*, au même niveau.

Une approche que les théoriciens anglo-saxons ont communé dans une règle dite des « 3P » (*People-Planet-Profit*, cf. figure 3 *infra*)[2], équation didactico-marketing au message

---

[2] Traduit en français par « Population-Planète-Prospérité ».

plus autoporteur, sans doute, que le *sustainable development*, littéralement « développement soutenable », expression anglo-saxonne originelle dont le développement durable est la traduction volontairement infidèle.

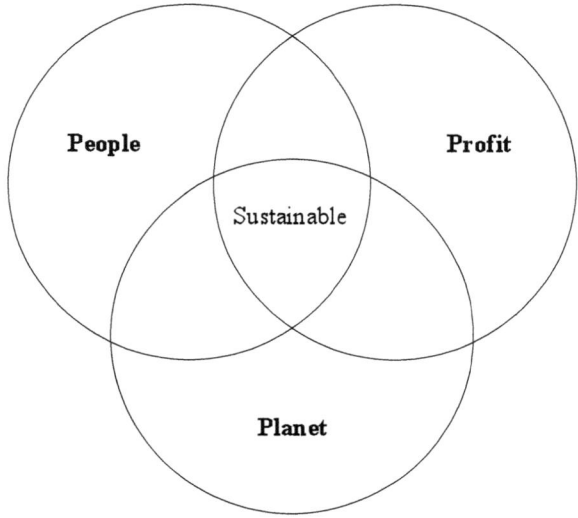

Fig. 3 — L'approche « anglo-saxonne » du développement durable

Cette formule, dite des « 3P », résume l'idée de la *Triple bottom line*, terme créé par John Elkington, et popularisé en 1997 par son livre *Cannibals with Forks*[3], best-seller iconoclaste et pragmatique répondant à la question du poète aphoriste polonais Stanislaw Lec qui se demandait s'il s'agissait encore d'un progrès si les cannibales utilisaient des fourchettes. La *bottom line*, littéralement ligne d'en bas, fait référence à cette information finale et capitale d'un compte de résultat qui indique si l'entreprise gagne ou non de l'argent. L'idée du

---

[3] Elkington (John), *Cannibals With Forks: The Triple Bottom Line of 21st Century Busines*, publié d'abord au Royaume-Uni, Capstone Publishing, 1997 ; puis aux États-Unis, New Society Publishers, 1998.

Triple bottom line est ainsi une triple performance conjuguant les trois objectifs du développement durable, une approche des entreprises qui ne se limite pas à la seule valeur économique qu'elles créent, mais qui prend en compte la valeur sociale et environnementale qu'elles ajoutent ou soustraient.

À ce triptyque entrelacé viennent s'agréger une kyrielle de principes, et le développement durable de se retrouver dépositaire de la « précaution » qui évite les risques d'irréversibilités, de « la prévention » qui préfère prévenir que guérir, de « la bonne gouvernance » qui gère avec sagesse et raison, de « la participation » qui mobilise et associe toutes les parties prenantes, de la « solidarité » qui participe d'un monde meilleur et autre « transparence »…

Chapitre 1. De la genèse à l'engouement

Les prémices

L'histoire officielle du développement durable fait remonter ses prémices à la deuxième partie du XXe siècle. Dès 1951, l'Union internationale pour la conservation de la nature (UICN)[4], créée trois ans auparavant à l'initiative de l'Unesco, publie un rapport sur l'état de l'environnement dans le monde, aujourd'hui reconnu comme précurseur dans sa recherche de réconciliation entre économie et écologie.

La fin des années 60, dernière décennie des Trente glorieuses[5], commence à faire apparaître les conséquences néfastes qu'engendre l'activité économique moderne sur l'environnement (augmentation des déchets, fumées toxiques, pollutions des cours d'eau...). C'est sur ce constat que le Club de Rome, *think tank* avant l'heure[6], dénonce en novembre 1972 dans un rapport prospectif et médiatique intitulé *Halte à la croissance ?*[7], les dangers que représente la surexploitation des

---

[4] Créée le 5 octobre 1948 à Fontainebleau, l'UICN est la doyenne des institutions internationales se préoccupant de questions environnementales. Basée à Gland en Suisse, elle rassemble autour de six commissions environ 980 membres (États, organismes publics, ONG,...) présents dans 140 pays.

[5] 1945-1973, expression de l'économiste Jean Fourastié pour définir la trentaine d'années d'expansion économique triomphante qu'ont connue un certain nombre de pays comme la France. Cette expression fait échos aux *Trois glorieuses*, journées révolutionnaires des 27, 28 et 29 juillet 1830 qui ont vu la chute de Charles X et l'instauration de la monarchie de Juillet de Louis-Philippe 1er.

[6] Fondé le 8 avril 1968 par l'industriel italien Aurelio Peccei, vice-président d'Olivetti, le Club de Rome est une association internationale de réflexion prospective organisée autour d'un groupe d'experts composé de scientifiques, d'économistes, d'hommes d'affaires, de hauts fonctionnaires internationaux et d'anciens chefs d'État.

[7] Il est intéressant de noter que l'intitulé anglais du rapport est *Limits to growth,* titre descriptif et analytique sans aucune dimension interrogative. Cela ne sera pas la dernière fois, dans ce domaine comme dans d'autres, que

ressources naturelles par rapport à une croissance économique et démographique exponentielles. Considérant le développement économique comme incompatible avec la protection de l'environnement, le rapport prône l'idée d'une croissance zéro.

C'est dans ce climat d'opposition entre économie et écologie que se tient la même année, à Stockholm, la première conférence des Nations unies sur l'environnement humain (CNUEH), organisée et animée par le canadien Maurice Strong. Si elle ne fut pas un grand succès — sur 113 pays représentés seulement, deux chefs d'État étaient présents et, mis à part la Roumanie et la Yougoslavie, tous les pays de l'Est étaient absents — cette conférence a permis d'introduire l'idée d'un modèle de développement économique compatible avec l'équité sociale et la prudence écologique. Si ce concept, baptisé *écodéveloppement*, repris et développé par l'économiste de l'École des hautes études en sciences sociales (EHESS) Ignacy Sachs[8], ne va pas s'imposer dans le vocabulaire international, les idées qu'il sous-tend, en revanche, ne vont avoir de cesse de trouver audience aux plus hauts niveaux politiques. C'est à partir de cette période que fleurissent la plupart des ministères de l'environnement[9].

---

la traduction française induira un sens supplémentaire par rapport à la sémantique originelle anglo-saxonne, ici un caractère d'alerte et d'urgence.

[8] Sachs (Ignacy), *Stratégies de l'écodéveloppement*, Paris, Éditions ouvrières, 1980 et *L'écodéveloppement : stratégies de transition vers le XXIe siècle*, Paris, Ed. Syros, 1993.

[9] Celui de la France date de janvier 1971 quand Jacques Chaban-Delmas, alors Premier ministre, nomme, à l'occasion d'un remaniement, Robert Poujade ministre délégué de la protection de la nature et de l'environnement. L'attention du Premier ministre avait été attirée quelques mois plutôt par Jérôme Monod, alors Délégué à l'aménagement du territoire et à l'action régionale (Datar), et Serge Antoine, chargé de mission à la Datar, qui, à l'occasion d'un voyage aux États-Unis, avaient été frappés par l'émergence de cette problématique. Serge Antoine deviendra numéro un du cabinet de Poujade et membre du Club de Rome. Source : Durance (Philippe), Cordobes

De la genèse à l'engouement 23

Les signaux

La fin des années 70 et la décennie médiatique des années 80 feront prendre conscience à la société civile de la dimension planétaire des catastrophes humaines et autres pollutions à grande échelle.

C'est la période où, un soir de mars 1978, un pétrolier libérien, l'*Amoco Cadiz* — appartenant à la société américaine *Amoco*, filiale de *Standard Oil of Indiana* et affrété par le Néerlandais *Shell* — s'éventre sur les côtes bretonnes de Portsall, y déversant plus de 230 000 tonnes de pétrole iranien. La période où, un matin de décembre 1984, de l'eau pénètre dans le réservoir du silo 610 d'une usine indienne de pesticide située à Bhopal. Un nuage de MIC[10] hautement toxique de vingt-cinq kilomètres carrés frappe dans leur sommeil quelque 360 000 victimes des environs, dont près de 3 800 périront le premier jour. C'est l'époque où le grand public découvre le « trou » dans la couche d'ozone[11], apprend l'importance du rôle de cette molécule gazeuse dans la stratosphère[12] et prend conscience de la responsabilité des chlorofluorocarbures (CFC) dans sa destruction, stigmatisant les gaz réfrigérants et les gaz propulseurs dans les aérosols. C'est le temps où les médias

---

(Stéphane), *Attitudes prospectives. Éléments d'une histoire de la prospective en France après 1945*, L'Harmattan, col. Prospective, 2007.

[10] Isocyanate de méthyle, gaz à base de phosgène, le fameux gaz moutarde des tranchées de la Première Guerre mondiale, utilisé dans la production de deux pesticides, le *Temik* et le *Sevin*.

[11] Disparition, au printemps austral, de plus de la moitié de l'ozone stratosphérique située au-dessus de l'Antarctique (alertes données en 1985 par les mesures de Joseph Farmar et ses collaborateurs à la station britannique de Halley Bay en Antarctique).

[12] La couche d'ozone, située entre 20 et 50 km dans l'atmosphère, joue un rôle de protection contre les rayons ultraviolets émis par le soleil, potentiellement responsables de brûlures superficielles, de cancers et vieillissement de la peau, d'affaiblissements du système immunitaire et de réduction de la photosynthèse entraînant des dommages sur les cultures et sur le plancton, premier maillon des chaînes alimentaires aquatiques.

24   Le développement durable, nouvelle idéologie ?

orchestrent les retombées médiatiques des « pluies acides », où le couple France Gall - Michel Berger tente d'alerter des dangers de la désertification africaine dans la chanson *Que le désert avance*[13], où le chanteur Sting, avec la Rainforest Foundation, essaie de faire prendre conscience au monde occidental du drame de la déforestation et emmène pour ce faire Raoni, chef de la tribu des *Kayapo* au proéminant plateau rouge enserré dans la lèvre, faire le tour des chancelleries européennes et plaider la cause de la forêt amazonienne.

Mais plus que tout autre cataclysme de l'activité humaine, il y en eut un qui marqua irrémédiablement les esprits. Paradoxalement, c'est en appuyant sur le bouton d'arrêt d'urgence du réacteur n°4 d'une centrale nucléaire d'Union soviétique, située dans l'actuelle Ukraine, que l'humanité fut prise de stupeur le 26 avril 1986. Tchernobyl résonne encore aujourd'hui comme la peur phantasmatique de la modernité technologique. Porté par les vents, le problème s'est étendu par-delà le local. Même si le nuage radioactif a pris soin de respecter le contour des frontières, les mycophiles savent que, depuis lors, on ne trouve plus sur les étals maraîchers de champignons alsaciens à déguster. Les plaintes d'associations de victimes présumées des retombées radioactives contre les autorités françaises en 2005 témoignent, près de vingt ans plus tard, de la marque indélébile qu'a laissée la catastrophe nucléaire civile la plus importante à ce jour.

Il en va de certaines dates comme des symboles ; 1987 est une de celles-là pour le développement durable. Un an après la « catastrophe » de Tchernobyl, la Commission mondiale sur l'environnement et le développement, créée quatre ans plus tôt, publie un rapport intitulé *Notre avenir à tous*, qui consacre le terme de *sustainable development*. Un document autrement appelé *rapport Brundtland*, qui a assuré à son auteur, Gro

---

[13] France Gal et Michel Berger, *Chanson d'Azima*, extrait de l'album *Babacar*, Warner Music France, 1987.

De la genèse à l'engouement 25

Harlem Brundtland, une postérité universelle que sa double qualité de plus jeune Premier ministre norvégien et première femme à ce poste n'avait su lui conférer qu'à l'intérieur des frontières du « chemin du Nord »[14]. Proposé dès 1980 dans son rapport sur la stratégie mondiale de conservation par l'UICN, le *sustainable development*, traduit littéralement par « développement soutenable », puis très vite commué en « développement durable », se définit dans le rapport Brundtland comme « un développement qui répond aux besoins du présent sans compromettre la capacité des générations futures à répondre aux leurs ». Phrase intangible, définition quasi poétique, à laquelle la plupart se réfèrent depuis.

Si c'est en 1987 que le concept voit consacrer sa définition, c'est en 1992, en revanche, que le développement durable acquiert ses lettres de noblesse et son envergure planétaire. Vingt ans après la conférence de Stockholm, 4 000 délégués de 178 pays, dont plus de 120 chefs d'État et de gouvernement, se réunissent dans le sud du Brésil, à Rio de Janeiro, lors de la conférence des Nations unies sur l'environnement et le développement (CNUED), pour ce que l'histoire va retenir comme « le sommet de la Terre ». Onze jours de constats alarmants, de prises de conscience officielles et de confrontations d'intérêts divers ; l'humanité dans sa quasi-totalité, pour la première fois, autour de l'entité *Gaia*[15]. Onze jours desquels sortent trois textes et deux conventions qui vont jeter les bases des grandes problématiques internationales des décennies suivantes.

---

[14] Origine sémantique du nom Norvège, *Nordhrvegr* en « vieux-norrois » ou « viel islandais », langue souche des principales langues scandinaves actuelles.

[15] Terre primordiale, *materia prima* d'Hésiode dans sa généalogie des Dieux, la *Théogonie* (VIII-VIIe siècle avant J.-C.).

26   Le développement durable, nouvelle idéologie ?

Le sommet de la Terre

La déclaration de Rio, vingt-sept principes généreux et généraux[16], place tant dans l'esprit que dans la lettre le concept de développement durable au cœur des problématiques mondiales pour les années à venir.

Le texte précise l'essence et les finalités du concept. « Les êtres humains sont au centre des préoccupations relatives au développement durable. Ils ont droit à une vie saine et productive en harmonie avec la nature » (principe 1). Pour ce faire, « la protection de l'environnement doit faire partie intégrante du processus de développement » (p. 4), tout comme « l'élimination de la pauvreté qui constitue une condition indispensable » (p. 5), tout en assurant la promotion « d'un système économique international ouvert et favorable, propre à engendrer une croissance économique et un développement durable dans tous les pays » (p. 12), « de façon à satisfaire équitablement les besoins relatifs au développement et à l'environnement des générations présentes et futures » (p. 3). Dans ce but, « les États devraient réduire et éliminer les modes de production et de consommation non viables » (p. 8) aux profits d'usages et de techniques durables dont la diffusion et le développement doivent être favorisés (p. 9).

Le texte donne également une dimension internationale à la responsabilité et à la solidarité en matière d'environnement, en reconnaissant la mesure et la portée différenciée des devoirs transnationaux qui incombent aux pays : bien conscient que, « conformément à la Charte des Nations unies et aux principes du droit international, les États ont le droit souverain d'exploiter leurs propres ressources selon leur politique d'environnement et de développement » (p. 2), « les États doivent coopérer dans un esprit de partenariat

---

[16] Les déclarations sont des textes juridiquement non contraignants, affirmant des principes et autres finalités d'action auxquels se réfèrent des engagements internationaux et nationaux ultérieurs.

De la genèse à l'engouement 27

mondial en vue de conserver, de protéger et de rétablir l'intégrité de l'écosystème terrestre. Étant donné la diversité des rôles joués dans la dégradation de l'environnement mondial, ces États ont des responsabilités communes mais différenciées ». Les pays développés admettent la responsabilité qui leur incombe dans l'effort international en faveur du développement durable, compte tenu des pressions que leurs sociétés exercent sur l'environnement mondial et des techniques et des ressources financières dont ils disposent » (p. 7)[17] ; « ils ont le devoir de faire en sorte que les activités exercées dans les limites de leur juridiction ou sous leur contrôle ne causent pas de dommages à l'environnement dans d'autres États ou dans des zones ne relevant d'aucune juridiction nationale » (p. 2). Si tel est le cas, les États « doivent coopérer diligemment » (p. 13), « concerter efficacement leurs efforts » (p. 14), « prévenir suffisamment à l'avance les Etats susceptibles d'être affectés » (p. 19), « notifier immédiatement aux autres États toute catastrophe naturelle ou toute autre situation d'urgence qui risque d'avoir des effets néfastes soudains sur l'environnement de ces derniers » (p. 18). « Les mesures de lutte contre les problèmes écologiques transfrontières ou mondiaux devraient, autant que possible, être fondées sur un consensus international » (p. 12), « la communauté internationale [devant] faire tout son possible pour aider les États sinistrés » (p. 18).

Cette déclaration à la portée générale introduit également deux notions bien spécifiques qui vont par la suite avoir des incidences importantes dans le jeu économique et politique : le principe polémique du « pollueur-payeur » et le principe de précaution, à la destinée tout aussi sujette à controverse.

Le texte incite en effet les États à élaborer « une législation nationale concernant la responsabilité de la pollution et d'autres dommages à l'environnement » (p. 13) en

---

[17] Cette mise au point annonce déjà les grandes lignes du protocole de Kyoto.

s'efforçant « de promouvoir l'internationalisation des coûts de protection de l'environnement […] en vertu du principe selon lequel c'est le pollueur qui doit, en principe, assurer le coût de la pollution, dans le souci de l'intérêt public et sans fausser le jeu du commerce international et de l'investissement » (p. 16). Le principe 15, pour sa part, stipule qu'en cas « de risque de dommages graves ou irréversibles, l'absence de certitude scientifique absolue ne doit pas servir de prétexte pour remettre à plus tard l'adoption de mesures effectives visant à prévenir la dégradation de l'environnement ».

Enfin, ce texte consacre l'entrée officielle dans le concert international d'une catégorie d'acteurs qui va prendre par la suite une place prépondérante : les *stakeholders* — les « parties prenantes » (ONG, communautés, citoyens) — qui vont redessiner un modèle de gouvernance jusqu'alors monopole quasi-exclusif du monde politico-économique.

« La meilleure façon de traiter les questions d'environnement est d'assurer la participation de tous les citoyens concernés, au niveau qui convient » en leur permettant « de participer au processus de décision » (p. 10), tout comme « les femmes [qui] ont un rôle vital dans la gestion de l'environnement et du développement » (p. 20), « les jeunes » (p. 21), « les populations et communautés autochtones et les collectivités locales » (p. 22) « afin de forger un partenariat mondial »[18] (p. 21).

L'Agenda 21

Les États présents au « sommet de la Terre » de Rio ont également adopté un programme global d'actions à mettre en œuvre par la communauté internationale pour réaliser les

---

[18] Cette idée sera reprise textuellement dans le projet planétaire de Kofi Annan, *The Global Compact*, traduit en français par *Pacte Mondial*.

De la genèse à l'engouement

principes de la déclaration. Dénommé *Agenda 21*[19], comme autant de rendez-vous et de tâches à planifier pour le XXIe siècle, ce document comporte quarante chapitres d'analyses et quelque 2 500 recommandations. De l'international au local, du financier institutionnel à l'implication du tout un chacun, l'*Agenda 21* offre aux États et institutions signataires, de manière non contractuelle, les moyens d'un passage à l'acte. Les tris sélectifs qui fleurissent dans les communes d'Europe depuis quelques années en sont un bon exemple. Émanation directe d'une de ces recommandations signées au niveau international, elles ont souvent été mises en place à l'initiative d'un « Agenda 21 » local, démarche recommandée par ledit *Agenda 21* de Rio et qui regroupe élus, associations et institutions étatiques.

Dans la même dynamique, la conférence et ses participants reconnaissent le rôle vital des forêts pour la protection des écosystèmes, des ressources en eau, du climat et de la diversité biologique, en signant une déclaration des Forêts qui organise la mise en place de mesures de protection à l'échelle planétaire. Ils décident également de donner un caractère particulier d'urgence à la protection de la biodiversité et aux problèmes des changements climatiques en instituant une *Convention des Nations unies sur la biodiversité* qui vise à assurer la diversité des espèces et des écosystèmes, et une *Convention cadre des Nations unies sur les changements climatiques* qui se fixe pour objectif la stabilisation des concentrations de gaz à effet de serre à un niveau sans danger pour le climat.

Les nombreux sommets suivants approfondiront le concept et ses déclinaisons[20], mais c'est l'année 1997 et la

---

[19] Originellement intitulé *Action 21*, le document et ses recommandations sont très vite connus et reconnus comme *Agenda 21*.

[20] Conférence mondiale sur les Droits de l'Homme (Vienne, 1993), Conférence internationale sur la Population et le Développement (Le Caire, 1994), sommet mondial pour le développement social (Copenhague, 1995),

30   Le développement durable, nouvelle idéologie ?

conférence de Kyoto que l'histoire officielle du développement durable retient comme un nouveau fait d'arme.

Le protocole de Kyoto

Conséquence directe des prises de décisions issues de la conférence de Rio, la conférence des Nations unies sur la climatologie réunit, en 1997, la communauté internationale à Kyoto, capitale culturelle et artistique du Japon.

Après 10 jours d'âpres négociations, les 159 pays présents parviennent à un accord sur la réduction des émissions de six gaz à effet de serre. À ce stade, tous les pays présents, y compris les États-Unis, signent ce traité international autrement appelé *protocole de Kyoto*. Trente-huit pays industrialisés s'engagent, d'ici à 2008-2012, à diminuer de 5 %[21] leurs émissions de CO_2 par rapport à leurs émissions de 1990. Les pays en développement sont dispensés de cette contrainte jusqu'en 2012 et la mise en place de « permis à polluer », concession obtenue à l'arrachée par les États-Unis, bien qu'acceptée, est renvoyée ultérieurement.

La conférence de Kyoto entre ainsi dans l'histoire comme la première tentative concrète et chiffrée pour lutter contre un effet planétaire que toute la communauté internationale dès lors reconnaît officiellement. C'est la première fois également que se trouve remis en cause, à ce niveau, un des fondements essentiels de la croissance et du progrès : la consommation exponentielle d'énergie.

Pour passer de l'intention (la signature) à l'acte (l'entrée en vigueur), ce traité devait être ratifié par au moins 55 pays

---

quatrième conférence mondiale sur les femmes (Pékin, 1995), deuxième conférence sur les établissements humains (Istanbul, 1996), sommet mondial de l'alimentation (Rome, 1996).

[21] Ce chiffre est une moyenne, l'Union Européenne s'engageant à diminuer ses émissions de CO_2 de 8 %, les États-Unis de 7 %, le Canada et le Japon de 6 %. La Russie et l'Ukraine obtiennent de ne pas diminuer leurs émissions...

De la genèse à l'engouement 31

responsables d'au moins 55 % de la totalité des rejets mondiaux. Si très vite le *minima* de 55 pays a été atteint, le refus, dès 1999, des États-Unis de ratifier le protocole, a rendu difficile l'atteinte de l'objectif du pourcentage, la première puissance mondiale étant responsable à elle seule du quart des rejets planétaires de gaz à effet de serre.

L'an 2000, malgré tout, est apparu pour beaucoup comme le point culminant de « l'euphorie durable ». À partir de ce moment, le concept se discute largement dans la presse, s'affiche dans les entreprises, inspire les rhétoriques de tout bord, tandis que le sommet du Millénaire[22] à New York réaffirme solennellement les objectifs de développement de Rio, prenant l'engagement supplémentaire de juguler de moitié la pauvreté du monde d'ici à 2015.

Le passage au XXIe siècle, inévitable opération mathématique, a d'emblée suscité l'espoir d'un monde, si ce n'est nouveau, tout au moins différent. Millénarisme positif ou symbole d'une confiance retrouvée, la « nouvelle économie » a semblé mettre fin aux « Trente Rugueuses » que les moins de trente ans n'ont eu d'autres choix que de connaître. L'homme de l'an 2000 a pris la mesure de son passage dans un XXe siècle capable de grandeur et de progrès, tout autant que de cataclysmes de sa propre condition. Il rêve d'un XXIe siècle riche de ses enseignements et espère, revisitant Malraux, que le siècle serait responsable ou ne serait pas[23].

C'est la période où EDF résume parfaitement cet état d'esprit en voulant « donner au monde l'énergie d'être meilleur ». Où, reprenant l'esprit du jeu *Sim City*, la publicité

---

[22] Sommet qui a reuni, du 6 au 8 septembre 2000, à New York, 150 chefs d'État. A été signée à cette occasion une *déclaration du Millénaire*, engageant les signataires à combattre la pauvreté, à protéger l'environnement et à rendre plus efficaces les actions de maintien de la paix des Nations unies.

[23] « XXIe siècle : l'entreprise sera responsable ou ne sera pas ! », titre de la Une du mensuel *Enjeux Les Échos*, janvier 2000.

du premier électricien d'Europe prévient d'une course au progrès qui peut conduire à la ruine de ses promoteurs. Le *spot* commence par la construction d'une maisonnette dans un paysage rural idyllique. D'autres constructions suivent rapidement et le petit hameau se trouve devenir soudainement une mégalopole anarchique. La course à l'accroissement entraîne l'assombrissement et l'étouffement de la sphère vitale : un constat d'échec sanctionné par un « Vous avez perdu : environnement dégradé » clignotant. Et la publicité de se terminer en ajoutant ce constat philosophique : « faire avancer le monde sans faire reculer l'Homme, cela s'appelle le développement durable »...

Le 11 septembre 2001 a fauché ces aspirations positives, ramenant l'homme au *ground zero* de ses motivations primaires[24]. Mais, à l'autel des peurs, celle de la fin du monde à venir a cédé le pas à celle de l'insécurité du monde présent. Une fois le coup d'effroi intégré, la réalité climatique et les bouleversements environnementaux ont vite rattrapé les préoccupations internationales.

En 2002, à Johannesburg (Afrique du Sud), plus d'une centaine de chefs d'État et de gouvernement et quelque 21 000 participants (ONG, entreprises, scientifiques, etc.) se sont retrouvés pour le *Sommet mondial du développement durable*, signe de la consécration internationale du terme et du concept.

Dix ans après le *sommet de la Terre*, ce sommet « Rio + 10 » s'est voulu une mise au point du chemin parcouru. Si l'optimisme a été de mise sur la prise de conscience, les constats quant aux réalisations concrètes ont été en revanche amers. En 10 ans, les choses ne se sont pas améliorées, bien au

---

[24] La sécurité et les besoins physiologiques sont, dans la pyramide du psychologue américain Abraham Maslow (1943), les motivations primaires qui prennent le pas sur toutes les autres (amour, appartenance, estime des autres, estime de soi, accomplissement personnel) tant qu'elles ne sont pas satisfaites. Ce « schéma » a, depuis quelques années, été remis en cause.

De la genèse à l'engouement 33

contraire. Les sirènes qui avaient sonné l'alerte ont retenti avec une criante actualité. Décevant pour certains, réaliste pour d'autres, le sommet de Johannesburg a réaffirmé la nécessité d'urgence et, bien conscient des défis à relever pour arriver à un développement durable, s'est réengagé sur des objectifs plus modestes et concrets concernant l'eau, l'énergie, la santé, l'agriculture, la diversité biologique ou, encore, la lutte contre la pauvreté.

Ce résultat mitigé a été considéré pour beaucoup comme un soulagement, tant les risques de blocage et d'échec étaient grands, sous l'effet d'une forte radicalisation des positions des uns et des autres. Malgré des velléités — américaines notamment — de les remettre en cause, malgré des reculs sur la dynamique et les ambitions, les plus positifs ont cependant souligné que les principes de Rio étaient devenus à Johannesburg des « références universelles »[25].

Le 16 janvier 2005, autre date que l'avenir retiendra sans doute comme historique, une nouvelle page de l'histoire officielle du développement durable a été écrite : la Russie, après de nombreuses tractations, ayant finalement ratifié le protocole, rejoignait, avec ses 17 % d'émissions de gaz à effet de serre, les 132 pays qui s'étaient déjà engagés et leur 44 % de part de responsabilité. Le seuil des 55 pays responsables de 55 % des émissions a été officiellement atteint. Le protocole de Kyoto est officiellement entré en vigueur.

---

[25] Extrait de la conférence de presse de Jacques Chirac, alors président de la République, à l'issue du *sommet mondial pour le développement durable* (Johannesburg, 3 septembre 2002).

Chapitre 2. Le constat d'une pérennité menacée

« Un malin génie rendit visite au Premier ministre d'un certain pays et lui proposa le marché suivant : 'Je sais que votre économie est languissante. Je suis désireux de vous aider à la raffermir. Je puis mettre à votre disposition une invention technologique fabuleuse, qui doublera votre production intérieure brute et le nombre d'emplois disponibles. Mais il y a un prix à payer. Je demanderai chaque année la vie de 20 000 de vos concitoyens, dont une forte proportion de jeunes gens et de jeunes filles.' Le Premier ministre recula d'effroi et renvoya son visiteur sur-le-champ. Il venait de rejeter l'invention... de l'automobile. »

Jean-Pierre Dupuy, qui retranscrit cet apologue régulièrement discuté dans l'enseignement de droit à l'université Yale, conclut de cette « expérience de pensée » que « si nos sociétés acceptent ce mal qu'est la mortalité routière aussi aisément, s'il ne leur pose pas de problèmes de conscience particuliers, c'est précisément parce qu'elles ne se le représentent jamais [en ces] termes »[26].

Les impasses dommageables

Certitude vs *incertitude*

Le constat en soi n'est pas nouveau. Même si autrefois l'environnement, « la Terre » comme on l'appelait à l'époque, était plus considéré comme un facteur de production qu'une ressource à préserver, le risque d'épuisement des stocks naturels n'en était pas moins souligné par des penseurs comme les économistes Robert Malthus (1798) ou David Ricardo (1817)[27].

---

[26] Dupuy (Jean-Pierre), *Petite métaphysique des tsunamis*, Paris, Seuil, 2005, pp. 59-60.

[27] Robert Malthus parle déjà dans son *Essai sur le principe de population* (Londres, 1798) de la contradiction entre la progression de la population et

36   Le développement durable, nouvelle idéologie ?

Déjà, en 1867, Marx accusait le capital d'épuiser « les deux sources d'où jaillit toute richesse : la terre et le travailleur »[28] tandis que le chimiste suédois Svante Arrhénius suggérait, dès 1896, que les émissions de gaz carbonique, en renforçant l'effet de serre, pourraient entraîner une hausse de la température moyenne de la Terre de 4 degrés[29]. Des ouvrages tels que *Le printemps silencieux* (1962) de l'océanographe Rachel Carson, *Quelle terre laisserons-nous à nos enfants* (1963) du biologiste Barry Commoner, ou *Avant que nature meure* (1965) du célèbre responsable du Muséum d'histoire naturelle Jean Dorst, prévenaient la communauté scientifique des déviances possibles du progrès technique sur l'environnement, alors que des études toujours plus nombreuses et plus précises alertaient, comme le rapport du MIT commandé par le *Club de Rome*[30], des impasses d'une croissance exponentielle dans un monde aux ressources limitées.

Mais « le prophète de malheur n'est pas entendu parce que sa parole, même si elle apporte un savoir ou une information, n'entre pas dans le système de croyances de ceux à qui elle s'adresse. Il ne suffit pas de savoir pour accepter ce qu'on sait et agir en conséquence », comme le rappelle, non sans cynisme, Jean-Pierre Dupuy dans sa *Petite métaphysique des tsunamis*[31]. Il fallait un électrochoc, il a été médiatique et nucléaire.

---

l'augmentation des ressources, constat que prolonge David Ricardo dans *Des principes de l'économie politique et de l'impôt* (Londres, 1817).

[28] Marx (Karl), *Le Capital*, Livre premier (Le développement de la production capitaliste), IVème section, chapitre XV, X, 1867.

[29] Arrhenius (Svante), « On the influence of Carbonic Acid in the Air upon the Temperature of the Ground », *Philosophical Magazine*, 41, 1896.

[30] Le rapport *Limits to growth* publié par le Club de Rome a été rédigé en 1971 par une équipe du Massachusetts Institut of Technology (MIT), spécialement constituée pour l'occasion, dirigée par le professeur en gestion Dennis Meadows.

[31] Dupuy (Jean-Pierre), *op.cit.*, p.11.

Le constat d'une pérennité menacée

Ce que les années 80 ont apporté, par tubes cathodiques interposés, c'est l'idée que la pérennité de la planète n'est plus uniquement menacée, comme dans *Docteur Follamour*[32], par la folie des hommes appuyant sur un bouton rouge de part et d'autre du rideau de fer ; la catastrophe ukrainienne de Tchernobyl est devenue le symbole de ce danger civil planétaire, cette « apocalypse rampante » comme la nomme Hans Jonas[33], qui fait dès lors résider le péril dans la seule continuation du mode de vie occidental. « Le temps du monde fini » a commencé ; cette prise de conscience ira bien au-delà de la mesure et du partage du monde, jusqu'à la reconnaissance totale du champ de la vie dont parlait Paul Valéry dans *Regards sur le monde actuel*[34]... Dès lors se posait ouvertement la question de la pérennité.

À force d'études, de chiffres et d'annonces, l'impensable s'est enfin envisagé, les signes devenant de plus en plus visibles et préhensibles.

La formule *not in my backyard, not in my term of office*[35] (pas dans mon jardin, pas sous mon mandat), expression consacrée des élus d'outre-Atlantique pour se garder de tout problème et *a fortiori* de toute décision embarrassante, se fait de nos jours dépasser par sa propre image ; les effets s'invitent dans les jardins et bien au-delà, acculant les populations

---

[32] Chef-d'œuvre d'humour noir sur le péril atomique de Stanley Kubrick (1963). Convaincu qu'un complot communiste se trame, le général Ripper lance une offensive nucléaire sur l'URSS et coupe toutes communications avec sa base... Kubrick s'inspirera d'Herman Kahn, célèbre futurologue américain qui travaillera à la fin des années 60 pour l'État français, pour son personnage principal du Docteur Follamour.

[33] Jonas (Hans), « Sur le fondement ontologique d'une éthique du future », *Pour une éthique du futur*, Paris, Rivages poche, 1997, p. 101.

[34] Valery (Paul), *Regards sur le monde actuel*, Paris, Gallimard, 1945, p. 25.

[35] Également surnommés syndromes *Nimby* et *Nimto*.

38   Le développement durable, nouvelle idéologie ?

administrées au dernier stade dans son sens le plus littéral[36]. Les films comme *The day after tomorrow* (Le jour d'après) font recettes, les plaies climatiques se chargeant d'en faire une macabre publicité. Les cassandres modernes ont ainsi plus d'échos, parfois même à l'excès, comme en témoignent certains commentaires qui imputaient le tsunami asiatique dévastateur de Noël 2004 aux conséquences des irresponsabilités humaines, alors que la tectonique des plaques, jusqu'à preuve du contraire, n'a pas grand-chose à voir avec le réchauffement climatique en général ou une quelconque incidence de l'homme en particulier.

Aujourd'hui l'affaire est entendue. Ainsi un milliard d'humains, soit 20 % de la population mondiale, consomme 80 % des richesses disponibles. La planète produit actuellement en moins de deux semaines l'équivalent de toute l'année 1900. Les réserves halieutiques baissent de façon alarmante, beaucoup d'espèces de poissons étant pêchées plus vite qu'elles ne se reproduisent. L'agriculture consomme 70 % de l'eau douce prélevée sur la planète. Les nappes phréatiques s'amenuisent, augurant de pénuries de ce liquide vital. Les irrigations à grande échelle salinisent les terres et vident les réserves à l'image de la mer d'Aral, quatrième plus grand lac de la planète, qui finit de s'assécher. Depuis 1977, 105 millions d'hectares, autrefois fertiles, se sont transformés en désert. La déforestation dévore plus d'un stade de football toutes les secondes, tandis que 27 000 espèces vivantes disparaissent chaque année.

Les géologues distinguent dans l'histoire de la Terre cinq grandes périodes d'extinctions massives de la biodiversité. La dernière, il y a 65 millions d'années, a vu la disparition des dinosaures. Toutes résultaient de calamités naturelles : météorite, éruption volcanique... Les bouleversements en cours engendrés par l'activité humaine s'avèrent d'une telle ampleur

---

[36] L'ouragan *Katrina* qui a frappé fin août 2005, le Mississipi, la Louisiane et l'Alabama, a submergé la Nouvelle-Orléans forçant plus de 20 000 habitants à se réfugier dans le stade couvert de la ville, le *Superdome*.

Le constat d'une pérennité menacée   39

que les scientifiques commencent à parler de « sixième extinction ».

L'homme vit en effet au-dessus de ses moyens : les 6,5 milliards d'êtres humains « absorbent » l'équivalent de 2,2 hectares chacun quand la terre ne peut leur en offrir de manière durable que 1,8. Pire, si tous consommaient comme un Européen, il faudrait deux fois et demie la Terre pour les satisfaire. S'ils le faisaient à la mode nord-américaine, il en faudrait cinq et plus.

Depuis 2006, le prix de l'inaction a même sa facture : 5 500 milliards de dollars. Le rapport Stern[37] estime en effet, sur plus de 700 pages, que les coûts et les risques globaux du changement climatique seraient équivalents à une perte d'au moins 5 % du PIB mondial chaque année pour la fourchette basse, 20 % et plus pour « un éventail de risques et de conséquences » plus large encore...

Et l'envolée démographique ne présage rien de bon, comme le résumait déjà, en 1995, Albert Jacquard dans cette équation : « Le drame que va vivre l'humanité, si elle ne modifie pas radicalement et rapidement son comportement, est tout entier contenu dans ces quelques chiffres, dont la sécheresse parle bien mal à notre imagination : nous sommes cinq milliards, avant un siècle nous serons plus du double, mais les ressources de la planète limitent à moins d'un milliard le nombre des hommes jouissant du mode de vie de l'Occidental moyen. Or la presque totalité des hommes rêvent d'accéder un jour à ce mode de vie. »[33]

---

[37] Rapport Stern sur « l'économie du changement climatique » commandé par Gordon Brown, alors ministre des Finances, pour le gouvernement britannique et rendu public le 30 octobre 2006.

[38] Jacquard (Albert), *J'accuse l'économie triomphante*, Paris, Calmann-Lévy, 1995, p. 10.

L'effet de serre

L'effet de serre, et le réchauffement du climat dont il est le responsable, sont sans doute de tous les maux les plus symboliques ou, tout du moins, les plus médiatisés.

L'effet de serre en soi est un phénomène naturel et indispensable qui permet, en retenant une partie du rayonnement solaire et de la chaleur terrestre, de conserver à la surface de notre planète une température propice à la vie. Quatre gaz sont les principaux protagonistes de cette alchimie : la vapeur d'eau, le méthane, l'ozone et le dioxyde de carbone. C'est en agissant sur cet équilibre que l'Homme entraîne un changement climatique. À l'origine l'atmosphère était constituée majoritairement de dioxyde de carbone (CO_2). L'apparition de la vie, et surtout son succès planétaire, a stocké dans le sol, au fil des millénaires, ce carbone sous forme de sédiments, de charbon ou encore de pétrole. Les activités humaines, et particulièrement industrielles, ont, depuis deux siècles, inversé le processus en rejetant dans l'atmosphère le carbone absorbé depuis des millions d'années.

Quelle conséquence pour quelques degrés de plus ?

Si beaucoup d'incertitudes entourent l'ampleur, la localisation et la datation de cette question, la nature de la longue litanie des plaies prévisibles est en revanche bien esquissée : multiplications des inondations, tempêtes, sécheresses, modifications des floraisons, des périodes de végétation, des récoltes... Même l'éternité des neiges des hauts sommets du monde est remise en question. Et le glacier du Kilimandjaro, fleuron volcanique situé entre le Kenya et la Tanzanie, point culminant de l'Afrique, de se découvrir mortel. Sa surface ayant diminué de 80 % en un siècle, les spécialistes prévoient sa fin en 2020, après plus de onze mille ans d'existence.

En ce qui concerne le problème de la montée des eaux, souvent évoqué pour illustrer les effets préjudiciables du

Le constat d'une pérennité menacée 41

réchauffement, il ne se situe pas, comme souvent on le croit, au pôle Nord. En effet, de la même manière qu'un glaçon qui fond dans un verre n'augmente pas le volume du breuvage qui le contient, les icebergs du pôle Nord, par le principe d'Archimède, se dilueraient sans pour autant augmenter le niveau général des océans. Le problème de la fonte se situe surtout aux niveaux des glaces qui reposent sur une bande de terre, les glaciers et plus encore le Groenland et l'Antarctique[39].

En supplément de cet apport nouveau de liquide, le niveau général des océans augmenterait substantiellement à cause de la dilatation thermique, l'eau chaude occupant un peu plus de volume que l'eau froide.

Face à ces effets, les risques sont très inégalement répartis sur la planète. Même si les ouragans à répétition dans le golfe du Mexique marquent de plus en plus l'opinion médiatico-publique américaine, on comprend mieux la position des États-Unis lorsque l'on sait qu'ils ne seraient, selon les estimations, que très peu touchés par les conséquences du réchauffement : seule leur grande zone de culture (Weath Belt, Corn Belt, Cotton Belt) risque de se décaler vers le Nord. Ce déplacement s'annonçant progressif, l'économie américaine aurait ainsi largement le temps de s'adapter.

De la même manière, il suffirait à des pays ou des villes comme les Pays-Bas ou Venise[40] de construire ou de rehausser des digues pour se protéger de la montée des eaux.

En revanche, pour certains pays du Sud, la situation risque d'être catastrophique. En effet, la moitié de la population

---

[39] La calotte glaciaire qui recouvre le continent antarctique représente 90 % des réserves d'eau douce de la planète. D'une moyenne de 2 000 mètres, son épaisseur peut aller par endroits jusqu'à 4 500 mètres ; son volume a été évalué à plus de 30 millions de kilomètres cube.

[40] Le projet « Moïse » de digues sous-marines mobiles actuellement en cours de construction pour protéger Venise de ses *acque alte* (marées hautes récurrentes) trouve ainsi une double justification.

42   Le développement durable, nouvelle idéologie ?

mondiale vit à moins de 100 km des côtes et, pour des pays comme le Bangladesh situé dans le delta du Gange, une augmentation de 30 à 40 centimètres de l'Océan Indien rayerait de la carte une bonne partie du territoire. Cette métamorphose topographique entraînerait des déplacements massifs de population vers le voisin indien, ce qui ne manquerait pas, eu égard à l'histoire commune des deux nations[41], d'engendrer des conflits.

Les conséquences de l'effet de serre ne sont cependant pas une mauvaise affaire pour tout le monde

Certains pays comme la Russie verrait même d'un bon œil le réchauffement de leur milieu naturel de quelques degrés, tandis que les compagnies pétrolières prépareraient déjà une ruée vers l'or noir dans la zone arctique, estimant qu'un quart des ressources d'hydrocarbures s'y trouveraient. Ainsi, pendant que le gouvernement américain autorisait, contre l'avis de son opinion publique, à forer les réserves immaculées d'Alaska, les médias officiels russes s'enivraient d'un petit drapeau national planté par deux sous-marins miniatures à plus de 4 232 mètres de profondeurs, preuve pour ces derniers du prolongement naturel du plateau continental sibérien vers le Nord. Histoire dans les deux cas de revendiquer l'Arctique et toutes ses promesses mirifiques.

La disparition estimée de la moitié de la banquise polaire d'ici à la fin du siècle relancerait également le phantasme commercial des routes maritimes transarctiques navigables reliant l'Atlantique au Pacifique par le pôle Nord. Un gain de temps théorique de 40 % par rapport au Canal de Suez ou celui de Panama, en diminuant de plusieurs milliers de kilomètres les

---

[41] Jusqu'à la fin de la Seconde Guerre mondiale, l'histoire de l'Inde et du Bangladesh se confond. C'est avec l'indépendance de l'Inde en 1947 que naissent le Bangladesh et le Pakistan, où se réfugièrent les musulmans d'Inde, tandis que les hindous bengalis et pakistanais effectuaient la diaspora inverse.

Le constat d'une pérennité menacée 43

trajets[42] ; un rêve que caressaient déjà les explorateurs européens du XVIème cherchant les voies les plus rapides vers la Chine...

Autre signe du regain d'intérêt prospectif pour cette zone septentrionale : le micro conflit qui oppose le Canada au Danemark à propos de l'île de Hans. Fort d'un vide juridique dans le traité de 1973 qui définit la frontière dans la zone arctique entre le Canada et le Groenland — possession du Danemark[43] — les *rangers* canadiens ont hissé, en juillet 2005, le drapeau unifolié sur un îlot de cailloux d'à peine 1,3 km² situé dans le détroit de Narès, courrouçant ainsi les Danois qui assurent l'avoir découvert en 1873. Les enjeux de cette algarade diplomatique dépassent de beaucoup le combat de coqs. En effet, si elle n'est accessible par mer qu'en été lors de la fonte des glaces, l'île de Hans pourrait se trouver stratégiquement en pleine zone du nouveau passage maritime ente l'Amérique et l'Asie, à condition que les prévisions du réchauffement climatique se vérifient...

Même si certains y voient quelques menus intérêts, une commission d'enquête gouvernementale suédoise sur les effets des changements climatiques prévoyait, fin 2007, que le redoux prévu autour de 2100 ferait de la température moyenne à Stockholm celle de Paris aujourd'hui et attirerait en conséquence nombre de touristes estivaux désireux de fuir les canicules du Sud de l'Europe[44]... À « l'orgueil naturel qui accompagnait auparavant la possession, la jouissance et avant

---

[42] Londres-Osaka : 23 300 km *via* le canal de Panama, 21 200 km *via* le canal de Suez, 15 700 km *via* le pôle Nord et les détroits de Nares et de Béring.

[43] Colonie danoise depuis 1721, le Groenland, « terre verte » en danois, a acquis une large autonomie politique en 1979. Le Danemark reste cependant souverain en matière de politique étrangère et de défense.

[44] Conclusions présentées à Stockholm par Bengt Holgersson, président de la commission d'enquête gouvernementale suédoise sur les effets des changements climatiques, novembre 2007.

44 Le développement durable, nouvelle idéologie ?

tout la croissance autogénérée de notre puissance, s'est substituée l'angoisse devant elle. Ce n'est plus comme jadis la nature, mais justement notre pouvoir sur elle, qui désormais nous angoisse — et pour la nature et pour nous-mêmes »[45], comme le résume si bien Hans Jonas.

Ainsi les termes de l'apologue se sont-ils précisés, amplifiés, rapprochés et le regard de nos sociétés a résolument évolué sur cette offre que le génie et le Premier ministre ont conclue depuis déjà bien des années.

Les limites d'un système

Plus que les récentes interrogations des spécialistes néolibéraux sur la capacité de « la main invisible »[46] a réellement guidé vers l'intérêt général des intérêts égoïstes, il est des réalités-statistiques plus basiques encore qui forcent à l'introspection du système.

Le spectre d'une nouvelle crise pétrolière

20, 30, 40, 60, 70... Ce qui est étonnant avec l'augmentation constante du prix du pétrole, c'est l'évidence des commentaires à justifier ces à-coups par des « combinaisons de facteurs ». Il en va ainsi des menaces « pétroistes » à l'encontre des États-Unis du président vénézuélien Hugo Chavez[47], des grèves à répétition au Nigeria[48], d'un préavis de

---

[45] Jonas (Hans), *op. cit.*, p. 105.

[46] Principe énoncé par Adam Smith en 1776 dans son œuvre maîtresse, *Recherche sur la nature et les causes de la richesse des nations*.

[47] Cinquième exportateur de brut mondial, le Venezuela fournit 14 % des importations américaines. Même si 60 % du pétrole est vendu exclusivement aux États-Unis, le promoteur de la « révolution bolivarienne », fort de l'augmentation de la demande mondiale, brandit régulièrement la menace d'une interruption des livraisons.

[48] Premier producteur africain avec 2,5 millions de barils par jour (Mb/j), sixième exportateur mondial, le Nigéria a connu, entre le 10 et le 14 octobre 2004, quatre jours de grève générale organisés par la principale centrale

Le constat d'une pérennité menacée 45

lock-out[49] déposé par la fédération des armateurs du troisième exportateur mondial de brut, la Norvège[50], des démêlés politico-fiscalo-judiciaires du géant russe *Ioukos*[51]... Il en va de même des intempéries, des réserves de barils surestimées de certaines compagnies pétrolières[52], de l'envie nucléaire iranienne[53], du

---

syndicale (NLC) qui protestait contre le non-redistribution de la manne pétrolière aux 130 millions de nigérians.

[49] Le *lock-out* est la fermeture provisoire de l'entreprise par l'employeur pour répondre à un conflit collectif, grève ou menaces de grèves. Contrairement à ces dernières, le *lock-out* n'est pas reconnu par les textes, mais par certaines jurisprudences.

[50] La Norvège produit environ 3 millions de barils par jour, essentiellement destinés aux pays d'Europe de l'Ouest. Elle est le premier fournisseur de pétrole et de gaz de la France assurant 23 % des importations françaises de pétrole et 33 % de ses approvisionnements en gaz. Le 25 octobre 2004, la Fédération des armateurs de Norvège décide d'user de la menace de *lock-out* pour résoudre un conflit social l'opposant depuis quatre mois aux syndicats des travailleurs pétroliers qui protestent contre le recours à la main d'œuvre étrangère, notamment britannique, moins chère. Les ouvriers de l'*offshore* norvégiens mettent fin à la grève, suite à l'annonce du gouvernement d'intervenir par tous les moyens pour écarter tous risques d'interruption totale de la production nationale d'hydrocarbure.

[51] *Ioukos* est le premier groupe pétrolier russe. Avec 1,7 Mb/j, il extrait et produit 20 % du pétrole national. Durant les longs démêlés judiciaires pour non-paiements d'impôts qui l'opposait au Kremlin et qui a conduit à l'arrestation de son PDG Mikhaïl Khodorovsky, *Ioukos* a soufflé le chaud et le froid sur les marchés en menaçant d'arrêter ses exportations, notamment vers la Chine.

[52] Entre janvier et avril 2004, un audit interne demandé par les actionnaires a obligé le groupe anglo-néerlandais *Shell* à revoir à la baisse, par trois fois, le quart de ses réserves pour se mettre en conformité avec la réglementation ; 4,47 milliards de barils équivalent pétrole sont ainsi passés des « réserves prouvées », c'est-à-dire pouvant être techniquement récupérées pendant la durée du contrat d'exploitation d'un champ de pétrole, vers les « réserves non prouvées », « probables » ou « possibles ». Fin 2004, 1,4 milliards de barils ont été encore défalqués. Après le passage de l'ouragan Gustav, en septembre 2008, la Commodity Futures Trading Commission (CFTC), agence fédérale américaine chargée de la régulation des bourses de commerce, a également lancé une enquête portant sur la présomption de manipulation des données fournies par les sociétés pétrolières au département de l'Énergie (DoE).

46   Le développement durable, nouvelle idéologie ?

niveau des stocks commerciaux américains ou encore de leurs problèmes de capacité de raffinage[54].

Mais ce qui est tout aussi étonnant, si ce n'est plus, c'est que ces explications précises et factuelles semblent valides quelle que soit la hauteur du cours des 159 litres (42 gallons américains) que constitue un baril de brut.

D'autres raisons, invoquées plus ou moins clairement, participent en effet d'un problème de fond. Ainsi les spéculations sur la demande exponentielle de la Chine[55] et de l'Inde, la « pétrophagie » américaine, l'incapacité des pays producteurs à produire plus un pétrole peu cher ou, encore, l'entrée dans un monde d'incertitudes chroniques où des menaces terroristes pèsent sur la partie du monde qui détient 70 % des ressources d'hydrocarbure connues (Arabie Saoudite, Irak, Iran, etc.), poussent durablement les cours à la hausse.

---

[53] Dans le jeu d'acteurs qui oppose l'Union européenne et les États-Unis à l'Iran à propos du programme nucléaire civil que la république islamique envisage de reprendre, le président iranien, Mahmoud Ahmedinejad, prié de dire si l'Iran pourrait provoquer une flambée des cours du pétrole en cas de saisine du Conseil de sécurité sur le sujet, a assuré devant les Nations unies, dès le sommet du 18 septembre 2005, que Téhéran avait les « moyens de défendre » ses droits.

[54] Plusieurs incidents, survenus en juillet 2005 dans différentes raffineries américaines, ont révélé la vétusté du réseau et ont suscité des doutes quant à la capacité de produire assez d'essence pour satisfaire une forte demande. Face à cette situation, une partie des stocks a été utilisée, réduisant d'autant la marge de manœuvre que constituent les réserves. L'endommagement de huit raffineries du Nouveau-Mexique par l'ouragan *Katrina* le mois suivant n'a rien arrangé. L'Agence internationale de l'énergie (AIE) a même fait appel en septembre 2005 aux stocks stratégiques de pétrole de ses États membres pour prévenir la pénurie aux États-Unis.

[55] La Chine consomme actuellement 8 millions de barils par jour, alors que 16 habitants sur 1 000 ont une voiture, contre 576 en France et 812 aux États-Unis… Cette constatation est extraite d'une étude, réalisée par Patrick Artus et Moncef Kaabi, qui envisage le pétrole à 380 US$ en 2015 ; bien que s'appuyant sur une réalité statistique, elle constitue un bon exemple du phantasme prospectif que suscite la croissance asiatique.

Le constat d'une pérennité menacée 47

Le premier choc pétrolier de 1973 résultait surtout d'une décision unilatérale de l'organisation des pays exportateurs de pétrole (OPEP) d'augmenter le prix du baril de brut. La guerre du *Kipour*, qui a vu l'attaque égypto-syrienne contre Israël avorter en octobre 1973, fournit l'occasion d'utiliser le pétrole comme une arme mais, aussi et surtout, d'accélérer la mutation du marché pétrolier en rééquilibrant le poids et les parts des *Majors*, ces grandes compagnies pétrolières anglo-saxonnes, au profit des pays producteurs. Le prix du baril quadruple en quatre mois, passant de 3 à 12 dollars en janvier 1974, tétanisant la croissance des économies développées en forte demande de matières premières. Les pays industrialisés ont jugulé cette première crise tant bien que mal en acceptant une importante inflation pour éviter la récession, tout en bénéficiant de la réinjection des pétrodollars dans leur circuit économique par les pays responsables de la hausse. Cet équilibre fébrile ne résista cependant pas au deuxième choc de 1979, provoqué par l'interruption temporaire des livraisons iraniennes et le spectre de la guerre Iran-Irak responsable d'une envolée — de 13 dollars, en 1978, le baril passe à 30 dollars en 1980 — qui marquera le second choc pétrolier et qui grèvera l'activité économique de la décennie suivante.

Pour atteindre le niveau de 1973, il fallait, en dollars constants, que le brut dépasse les 80 et tende vers les 100 dollars pour le surpasser...

La déplétion, l'incapacité physique des pays producteurs à offrir plus, l'augmentation de la demande mondiale[56], l'instabilité géopolitique... tous les ingrédients d'un choc pétrolier semblent réunis. Un choc d'une autre nature cependant. Alors que les crises à l'origine des deux premiers

---

[56] La demande mondiale moyenne avoisinait en 2008 les 85 à 86 millions de barils par jour. Elle devrait tourner autour des 121 millions de barils en 2030 selon l'Agence internationale de l'énergie.

étaient politiques, la crise qui pointe est annoncée comme structurelle.

D'aucuns, l'ancien président de la banque centrale américaine Alan Greenspan en tête, assurent que les économies des pays riches peuvent absorber ce surcoût, leur inflation se maintenant en dessous de 3 %, alors qu'elle était à deux chiffres trente ans plutôt. D'autres parient sur la découverte de nouveaux gisements et sur la capacité de la Recherche et Développement d'optimiser les stocks existant pour combler le déficit. Le choc n'aura ainsi peut-être pas d'épicentre et les ondes seront peut-être absorbées graduellement, mais nombreuses sont les analyses qui s'accordent sur la fin du pétrole bon marché ou, plutôt, prophétisent l'avènement de « l'ère du pétrole cher »[57].

Cette éventualité de plus en plus probante oblige ainsi à repenser le système et met fin à la torpeur vis-à-vis des énergies alternatives[58] qu'entretenait la solution d'un pétrole bon marché.

---

[57] Voir à ce sujet Cochet (Yves), *Pétrole apocalypse*, Paris, Fayard, septembre 2005.
[58] L'énergie nucléaire, évidemment, mais aussi les énergies renouvelables que promeut le développement durable.

Chapitre 3. Un sillage vertueux

Force est de constater qu'à l'instar du développement « durable », on entend de plus en plus parler de commerce « équitable », de commerce « éthique », d'investissement « socialement responsable », d'énergies « renouvelables » et autre consommation « citoyenne ».

Promulgué capitaine d'un navire qui montre la voie, le développement durable embrasse en effet dans son sillage un certain nombre de concepts, souvent plus anciens que lui, aux adjectifs à haute teneur, si ce n'est morale, tout au moins philosophique, venant qualifier les piliers de l'économie traditionnelle.

Le commerce équitable, la consommation citoyenne et le commerce éthique

Même s'il est de la dernière tendance pour le *bobo*[59] germanopratin de s'afficher avec un sac « *made in dignity* » tout en dégustant un café d'une petite coopérative guatémalteque, le mouvement du commerce « équitable » ne date pas d'hier. L'un de ses principaux acteurs, le « labélisateur » néerlandais *Max Havelaar*, tire d'ailleurs son nom d'un roman anticolonialiste éponyme[60], publié en 1860, dans lequel l'auteur, Eduard Dekker, sous le pseudonyme de Multatuli, dénonçait déjà les

---

[59] « Bobo » est une appellation créée par le journaliste américain David Brooks (*Bobos in Paradise : the new upper class and how they got there,* New York, Simon & Schuster, 2000), littéralement « bourgeois bohèmes », pour nommer une nouvelle catégorie d'américains aisés, « bien éduqués, gagnant bien leur vie, qui mangent bio et critiquent la culture capitaliste tout en en vivant », des personnes « qui pensent à gauche et vivent à droite » comme le résume Debra Galant du *New York Times* (*in* Lazarre (Françoise), « Très bourgeois et très bohèmes, les 'bobos' entrent en scène », *Le Monde*, 20 octobre 2000).

[60] Dekker (Eduard Douwes). *Max Havelaar*, Saint-Germain, impr. de L. Toinon, 1868, 32 p. ; traduit en français par Adrien Jacques Nieuwenhuis et Henri Crisafulli, Rotterdam, J. v. d. Hoeven, 1876.

50   Le développement durable, nouvelle idéologie ?

injustices du commerce du café entre l'Indonésie et les Pays-Bas.

Préoccupation ancienne donc, qui va retrouver un écho dans la seconde moitié du XXe siècle. C'est en 1964 en effet, que les pays dits du Sud, désireux de se développer économiquement en entrant dans les marchés protégés occidentaux plutôt que d'attendre leurs aides financières philanthropiques, participent à la première conférence des Nations unies pour le commerce et le développement (Cnuced) à Genève avec la revendication « *Trade not Aid* », « du commerce pas d'assistance ». Au cours de cette conférence, comme au cours de la suivante quatre ans plus tard à New Delhi, leurs demandes reçoivent une fin de non-recevoir, ce qui incite des associations, notamment néerlandaises, à répondre à leur appel.

Le principe du commerce équitable repose sur l'idée d'un « juste prix » qui « travaille à l'instauration d'échanges commerciaux plus justes entre les pays du Nord et ceux du Sud, afin de donner aux producteurs du Tiers-Monde les moyens de vivre dignement de leur travail »[61]. Pour ce faire, le système garantit aux petits producteurs, réunis en coopératives, un prix fixe qui n'est pas soumis à la spéculation boursière. Cette garantie de revenus, moyennant le respect de critères écologiques et sociaux, leur permet de se développer à moyen et long terme au niveau local. Elle entend également par là même, solutionner le problème du travail des enfants et de leur scolarisation en résolvant leur cause endémique : le revenu des parents.

Les produits phares du commerce équitable sont des produits primaires comme le café, le thé, le cacao, les bananes

---

[61] Principe affiché par Artisans du Monde, première association en France en matière de commerce équitable.

Un sillage vertueux 51

et, dans une moindre mesure, l'artisanat[62]. Dans les conditions actuelles, le commerce équitable ne saurait concerner le gros de la production industrielle, pas plus que les services. À cela plusieurs raisons. La première est d'ordre logistique : contrôler un processus qui ne comporte que quelques étapes, la récolte du café par exemple, est plus aisé que de contrôler la fabrication d'un photocopieur où les intermédiaires et autres sous-traitants qui produisent les composants sont légions. La deuxième raison est d'ordre économique et stratégique : les produits alimentaires valorisés par le commerce équitable sont le cœur d'enjeux financiers considérables, tant au niveau de leurs productions (secteurs-clefs de l'économie des pays du Sud) que dans leur consommation (marchés considérables pour les pays du Nord).

Ainsi, les deux-tiers des pays africains et la plupart des pays d'Amérique latine dépendent-ils des matières premières pour plus de la moitié de leurs revenus à l'exportation. L'Afrique dépend même pour plus de 70 % de ses gains officiels d'exportation de seulement trois matières premières dont le café et le cacao[63]. La « guerre de la banane »[64] que se livrent les États-Unis et la France, et l'appellation péjorative des régimes militaires d'Afrique et d'Amérique latine, les fameuses « républiques bananières », rend bien compte de l'importance pécuniaire de cette denrée primaire, fruit le plus mangé au monde. Pour le café, les chiffres sont encore plus révélateurs : il

---

[62] Les produits alimentaires représentent environ 60 % du chiffre d'affaires et les ventes de café, à elles seules, près de la moitié de ce pourcentage.
[63] Source : European Fair Trade Association (EFTA).
[64] La « guerre de la banane » est un conflit commercial qui oppose les États-Unis à l'Union européenne. Sont en cause les subventions accordées aux productions d'outre-mer, françaises et espagnoles, les accords privilégiés de l'Union européenne avec les pays d'Afrique, des Caraïbes et du Pacifique (ACP), ainsi que les tarifs douaniers vis-à-vis de la « banane dollar », produite à bas prix en Amérique latine pour le compte de grandes compagnies américaines.

52   Le développement durable, nouvelle idéologie ?

s'agit de la matière première la plus exportée après le pétrole avec 7,7 millions de tonnes consommées dans le monde[65].

Il est possible de se procurer des produits issus du commerce équitable de deux moyens qui, s'ils sont historiquement liés par le fond, voient la forme les diviser de plus en plus. Le premier est d'entrer dans un « magasin du monde », par exemple *Artisans du Monde*, où tous les produits sont garantis équitables par l'organisation qui les vend. La plupart des produits n'étant pas labellisés, la clientèle de ce type de magasins achète en confiance.

L'autre mode de commercialisation, qui n'a cessé de progresser depuis ses débuts aux Pays-Bas à la fin des années 80, est la certification équitable et sa commercialisation, notamment en grande surface. Le label, par exemple Max Havelaar, permet aux produits certifiés « équitables » de s'insérer dans les filières classiques du commerce, tout en étant porteur de leur singularité. À l'inverse du premier, qui se veut une filière alternative, le deuxième rentre au cœur du système qu'il condamne, ce qui est source de discorde sémantique entre les acteurs historiques.

Une troisième voie semble se dessiner depuis peu, avec la velléité affichée par certains producteurs d'investir de manière plus radicale les circuits de distribution bien établis ; en novembre 2008, la Fédération nationale des producteurs de café colombien a ainsi appelé au rachat de la chaîne de restauration Starbucks, le cours de bourse de celle-ci ayant été divisée par 5 en quelques mois sous l'effet de la crise internationale.

Même si le commerce équitable ne représente que 0,01 % du commerce mondial, sa progression n'a cessé d'être continue ; son chiffre d'affaires a été multiplié par 7 depuis plus

---

[65] 128 millions de sacs de 60 kg (unité du marché du café) en 2008. Source : *Rapport sur le marché du café*, Organisation internationale du café (OIC), septembre 2008.

Un sillage vertueux   53

de dix ans[66]. Les enquêtes d'opinions marquent une augmentation encore plus nette de sa notoriété : 82 % des Français ont déjà entendu parler du commerce équitable en 2008, contre 56 % en 2004, 32 % en 2002 et seulement 9 % en 2000[67]. De plus en plus de consommateurs acceptent aujourd'hui de payer un peu plus — entre 5 et 15 %[68] — un produit conforme à leurs principes et leurs valeurs de façon à assurer un « juste » prix équitable aux petits producteurs de l'hémisphère sud.

Acheter ou ne pas acheter devient ainsi un acte politique, choisir tel ou tel produit un acte militant et le consommateur un « consom'acteur ». C'est le principe de la consommation citoyenne.

« La révolution se fait dans nos cadis »[69] : pour éviter de rester « con-sot-mateur »[70], devenez « consom'acteur ». Les Américains de la *Tea party* de Boston[71], ou encore Gandhi[72]

---

[66] Le chiffre d'affaires cumulé des produits équitables est ainsi passé de 300 millions d'euros en 2002 à 2,3 milliards en 2007. Source : rapports annuels du Fairtrade Labelling Organizations International.

[67] Sondage IPSOS/PFCE sur « l'opinion et les pratiques des Français en matière de commerce équitable », avril 2008.

[68] Même si le système élimine un certain nombre d'intermédiaires dans les filières alternatives, le « juste prix » payé aux producteurs, qui peut représenter jusqu'à 50 % de plus que la filière classique, est rendu possible par la majoration de l'ordre de 5 à 15 % que paie *in fine* le consommateur.

[69] Slogan d'une campagne du « collectif de l'éthique sur l'étiquette ».

[70] Slogan du mouvement dit « Antipub », barbouillé sur les lignes du métro parisien fin 2003.

[71] Prémices de la rupture avec l'Angleterre, le 16 décembre 1773, des colons américains jettent dans le port de Boston une cargaison de thé appartenant à la Compagnie des Indes en protestation contre les droits imposés de la puissance coloniale britannique.

[72] Gandhi boycotte en 1930 les magasins d'alcool et de tissus étrangers dans le cadre général de la désobéissance civile non-violente afin de toucher aux intérêts de l'Empire britannique pour arriver à l'indépendance de l'Inde (1947).

l'avaient, à leur manière, déjà mis en pratique. Mais, à l'inverse du boycott[73], la consommation citoyenne se veut proactive et entend faire changer les habitudes constituées en exigeant une qualité « sociale » et/ou « écologique ». Les principales initiatives — par exemple, en France, celles du collectif de l'éthique sur l'étiquette — s'appuient sur le respect des normes fondamentales du travail, telles que celles établies par l'Organisation internationale du travail (droits syndicaux, interdiction du travail des enfants, du travail forcé...), et militent pour la création de labels « sociaux » qui permettraient d'en valider le respect. Par des normes, des codes, des chartes, ou une démarche interne, les entreprises sont incitées par l'aval qui achète, à faire évoluer leurs critères vers des considérations écologiques et sociales pour l'amont qui produit et achemine.

Ainsi, la consommation citoyenne ne se limite pas à l'achat de produits équitables et ne se concentre pas uniquement sur une filière alternative, mais elle s'adresse aux acteurs des filières classiques de l'économie dans le cadre d'un commerce dit « éthique ».

Les placements éthiques et les investissements socialement responsables

Tout comme les concepts de commerce équitable et de consommation citoyenne, celui des placements éthiques est également antérieur au concept de développement durable. Mais, tout comme eux, sa notoriété et son essor sont concomitants du succès de ce dernier.

Les mouvements religieux seront les premiers à se préoccuper de la mise en cohérence de leurs convictions et de leurs stratégies d'investissements. C'est outre-Atlantique que

---

[73] L'expression vient d'un épisode de vie où Charles Cunningham Boycott, régisseur terrien irlandais, se voit ruiner durant l'été 1880 par une action de blocus des récoltes organisée par la ligue agraire de ses fermiers qui lui reprochait des conditions de travail exécrables.

Un sillage vertueux 55

l'on en situe couramment les premières expériences. Déjà au XVIIème siècle, les Quakers, riches agriculteurs-marchands de Pennsylvanie, refusaient de profiter des deux marchés les plus lucratifs de l'époque : les armes et la vente d'esclaves.

Dans les années 1920, l'investissement éthique se formalise par la volonté de congrégations religieuses américaines de gérer leur argent en s'assurant qu'il ne soit pas placé dans des « sin stocks », des « actions du péché », comme l'alcool, le tabac, le jeu et autres « divertissements pour adultes ». Plus tard, dans les années 60 et 70, les églises, les fondations et les universités commencent à s'interroger sur la destination de leurs épargnes. Des campagnes sont menées contre des entreprises supportant l'*apartheid* en Afrique du Sud, impliquées dans la guerre du Vietnam ou, encore, dans la violation des droits de l'Homme. Dans le même temps, des professionnels de la finance commencent à structurer des évaluations en fonction de ces critères.

Ce n'est qu'à la fin des années 80 que le passage se fait, en Europe continentale, du concept « d'investissement éthique » à celui « d'investissement socialement responsable ». La connotation négative de l'exclusion, par trop religieuse, cède le pas à une acception davantage proactive ; il ne s'agit plus d'exclure du portefeuille boursier certaines entreprises en fonction de critères moraux, mais de sélectionner les valeurs en fonction de leurs comportements dans chacune des problématiques soulevées par le développement durable.

L'investissement socialement responsable (ISR) regroupe ainsi aujourd'hui plusieurs formes : les fonds socialement responsables, ou de développement durable, qui intègrent des critères sociaux et environnementaux ; les fonds d'exclusion d'obédience anglo-saxonne ; les fonds de partage ou placements solidaires qui allouent une part du bénéfice à des associations ou à des projets à vocation sociale et humanitaire.

Même s'il reste encore de nos jours, aux États-Unis, une très forte tendance à l'exclusion, notamment en ce qui concerne des critères comme le tabac et la violation des droits de l'homme, les ressources humaines et le respect de l'environnement s'imposent de plus en plus. La dimension éthique se transforme en une responsabilité à l'égard des générations futures et des partenaires de l'entreprise.

Sur toutes les places financières occidentales, le poids et l'intérêt des investissements socialement responsables n'ont cessé de grandir ces dernières années. Aux États-Unis, ils représentent 12 % des actifs, ce qui correspondait fin 2001 à près de 2 340 milliards de dollars. L'implication des fonds de pensions[74], clef de voûte du système de retraite par capitalisation, y est pour beaucoup. En France, si 1 % des fonds sont socialement responsables, le changement opéré sur le système des retraites par le gouvernement Raffarin[75] laisse augurer d'une pareille destinée. La conviction des investisseurs institutionnels et des épargnants, collectifs ou particuliers, à l'origine du mouvement, n'explique cependant plus seulement son succès. Un constat plus rationnel encore accélère l'engouement pour ce type d'investissement. En mai 2005, le *Domini 400 Social Index* (DS 400), premier indice boursier utilisant les critères éthiques pour sélectionner les entreprises, fêtait ses 15 ans d'existence. Son analyse rétrospective sonne comme un slogan ; sur les dix dernières années d'exercice, les

---

[74] Dispositifs mis en place par les entreprises pour leurs salariés, percevant des cotisations qui sont investies sur les marchés financiers et reversées sous forme de rente ou de capital lorsque les cotisants prennent leur retraite. Dans certains pays, comme les Pays-Bas ou la Suède, ce mécanisme concerne près de 90% de la population active. Compte tenu de l'importance des fonds gérés (95% du PIB pour les États-Unis, par exemple, en 2006), les fonds de pensions sont des investisseurs institutionnels majeurs.

[75] Débat né en 1991 sous le gouvernement de Michel Rocard, il a connu son épilogue en avril 2004 avec la signature par Jean-Pierre Raffarin d'un décret instituant le plan d'épargne retraite populaire (PERP) qui a permis d'ouvrir à la capitalisation (cotisation individuel de l'actif pour sa propre retraite à venir) un système de retraite issu de l'après-guerre qui fonctionne par répartition (l'ensemble des actifs cotise pour l'ensemble des retraités).

Un sillage vertueux 57

valeurs sélectionnées dans son portefeuille étaient au-dessus[76] de celles du SP 500, l'indice américain des 500 plus grandes entreprises nationales cotées en bourse. Parier sur la pérennité générale serait ainsi, tel un précepte bouddhiste, un gage pour sa pérennité propre. Il n'en fallait pas tant pour attirer l'intérêt. En France, les encours des fonds socialement responsables ont augmenté de 220 % entre 2004 et 2008[77].

Les énergies renouvelables

Autre champ attaché au concept de développement durable, celui dit des énergies « renouvelables », pan vertueux de leur antonyme, les énergies « épuisables » que l'on a communément pris l'habitude d'appeler énergies « fossiles » en raison de leur origine organique et préhistorique[78] (charbon, pétrole et gaz naturel)[79].

L'hydraulique est la plus utilisée des énergies renouvelables (ENR) ; la « petite » surtout — moins de 10 mégawatts — des questions se posant quant à la vertu écologique de la « grande » et des bouleversements pharaoniques qu'engendrent des barrages, comme celui des Trois-Gorges en Chine.

---

[76] Cf. « DS 400 Cumulative Performance », KLD Research & Analytics.

[77] Les encours ISR en France sont passés de 6,9 milliards en 2004 à 22,1 milliards en 2007. Source : Novethic.

[78] Issu de la fossilisation de matières organiques végétales et animales préhistoriques déposées au fond des mers, le processus géologique qui a conduit à la minéralisation des forêts, squelettes, fougères et autres coquillages induit bien le caractère lent et non renouvelable de la formation des ressources.

[79] L'uranium, combustible de base de l'industrie nucléaire, sans être d'origine fossile et bien que réparti dans toute l'écorce terrestre, est également une ressource non renouvelable. Le prix de l'uranium augmenté de près de 1 000 % entre 2001 et 2006 et les prévisions prospectives actuelles situent autour de 2025-2030 la production maximale et la pénurie qui en découlera.

58   Le développement durable, nouvelle idéologie ?

Autre ancestrale utilisation, celle de la biomasse : l'idée réside dans un équilibre créé sur la durée entre la quantité de CO_2 dégagée lors de la combustion d'un arbre ou d'un végétal et celle absorbée tout au long du cycle de vie d'un autre arbre ou végétal replanté.

Le vent, à travers les éoliennes terrestres ou *off shore* (parc sur la mer), fournit déjà 15 % de l'énergie du Danemark. La géothermie, énergie contenue dans le sol, alimente l'île de la Réunion tandis qu'un Gigawatt est produit en Europe grâce à l'énergie solaire (photovoltaïque). Des projets d'hydroliennes (éoliennes inversées dans la mer utilisant les courants), de centrales marémotrices (utilisation de la force des marées), d'houlomotricité (récupération de la cinétique des vagues), de biocarburants (utilisation comme carburant d'huiles végétales comme le colza, le soja ou le tournesol), de piles à combustible (mélange d'hydrogène qui fournit de l'énergie et dégage de la vapeur d'eau comme déchet), se développent au stade industriel.

Les énergies renouvelables ont le vent en poupe, par demande du consommateur — les offres de « Kwatt heure vert » font recette[80] — et par volonté politique — l'Europe s'est fixée comme objectif de porter d'ici à 2010 la part des ENR à 22 % dans sa consommation d'électricité.

Une idée qui séduit plus qu'elle ne solutionne

Même si les prévisions tablent sur une progression conséquente dans l'avenir, l'Agence internationale de l'énergie envisage une stagnation au niveau mondial de la part des ENR de l'ordre de 14 % en 2030, la consommation d'énergies épuisables croissant dans des proportions analogues.

---

[80] Offres de fournisseur d'électricité garantissant une électricité produite à base d'énergies renouvelables, aussi appelée « courant vert ».

Un sillage vertueux

Aujourd'hui, il faudrait exploiter 12 millions de kilomètres carrés — soit plus de 22 fois la superficie de la France — pour couvrir les besoins mondiaux d'énergie assurés par le pétrole, le gaz et le charbon. Le solaire est la source d'énergie la plus prometteuse, « le soleil [fournissant] quinze mille fois plus d'énergie que la consommation commerciale de la population mondiale », comme le rappelle le député allemand Hermann Scheer[81]. Pourtant, dans le même ordre d'idée, il faudrait pour alimenter une ville comme Paris recouvrir de panneaux photovoltaïques une superficie égale à celle de la Corse.

Ainsi, à l'heure des excès de vitesse de la modernité, si ces initiatives alternatives rencontrent un vif succès, commence-t-on à invoquer dans ce sillage une dernière vertu cardinale : celle de la sobriété.

---

[81] Scheer (Hermann), *Le solaire et l'économie mondiale*, Paris, Actes Sud, 2001.

Chapitre 4. Un nouveau credo diplomatique et politique

Le jeu d'acteurs qui s'est déroulé en coulisse lors de la conférence de Rio en 1992 est très révélateur des positions stratégiques et politiques des uns et des autres, qui se confirmeront par la suite.

Développement durable *vs* capitalisme néolibéral : un nouvel ordre mondial

Quatre positions se dessinent. Les États-Unis, peu touchés à terme par les effets du réchauffement climatique, annoncent déjà que l'effort sera inacceptable pour leur économie, même s'ils ont conscience de la responsabilité principale des pays industrialisés dans les rejets de CO_2.

Les pays dits les « moins avancés » (PMA)[82], tel le Bangladesh, la Somalie ou des pays insulaires qui risquent d'être amputé d'une partie de leur territoire entraînant de graves crises migratoires, exigent que le Nord réduise ses déchets.

Les pays industrialisés qui ont, dans les années 80, « une économie émergente », tels que les « Tigres » asiatiques (Indonésie, Malaisie, Philippines, Thaïlande) et, dans une moindre mesure, les « Dragons » (Corée du sud, Taiwan, Singapour), rejettent l'entière responsabilité du réchauffement climatique sur le Nord. Ces derniers revendiquent le droit de se développer sans entraves, arguant que les pays occidentalisés ont eu ce loisir pendant plus d'un siècle, sans contraintes environnementales d'aucune sorte. Une position radicalement résumée par l'ex-Premier ministre de la Fédération de Malaisie, Mahathir Mohammad qui, en février 1991, devant l'*Asian Society* s'insurgeait contre « les pressions occidentales, qui, sous

---

[82] Catégorie créée par l'ONU en 1971 qui reconnaît des handicaps structurels à certains pays (26 en 1971, 50 en 2008) afin d'inciter la communauté internationale à leur apporter des aides et attentions particulières en matière de développement.

prétexte de droits de l'homme, de syndicats, de liberté de la presse, de protection de l'environnement et de démocratie, bloquent la croissance économique de leurs concurrents potentiels ».

Enfin, l'Union européenne, bien qu'elle semble accepter sa responsabilité, n'en recherche pas moins le concours de tous. En définitive, la conférence de Rio, amorce de prise de conscience mondiale, s'achève sur une victoire symbolique, fruit d'un consensus plus théorique que pratique.

La conférence de Kyoto de 1997 est le théâtre d'un nouvel acte qui s'est de nouveau joué la plupart du temps en coulisses et a révélé un peu plus la nature profonde des protagonistes lors de son final.

En 1997, Georges Bush n'est encore que gouverneur du Texas ; c'est Al Gore, futur candidat malheureux, qui représente Bill Clinton et la voix des États-Unis à Kyoto. Ces derniers viennent à la conférence conscients du problème du changement climatique, mais décidés à ne procéder qu'à une stabilisation de leurs émissions.

Mais, face à la pression unanime des délégations de l'Union européenne, les États-Unis cèdent sur les quotas, et acceptent une diminution de leurs rejets de 7 % par rapport à leurs émissions de 1990. En échange, ils introduisent l'idée de « permis négociables » : ce mécanisme de marché consiste à quantifier le niveau de rejets souhaitable à l'échelle planétaire et à répartir les droits d'émissions entre chaque pays, laissant l'opportunité à ceux qui en ont trop de le vendre ou de l'échanger contre des investissements technologiques à ceux qui en auraient besoin de plus[83]. Dans l'esprit de leurs promoteurs,

---

[83] Idée déjà proposée en 1991 par le journaliste scientifique indien Anil Agarwal qui envisageait de répartir en quotas la quantité de gaz à effet de serre recyclable par l'écosystème planétaire, soit 500 kilos d'équivalent carbone par personne et par an sur la base de 10 milliards d'êtres humains.

cette solution devait permettre d'introduire de la flexibilité tout en poursuivant le même dessein et offrir ainsi un nouveau champ d'affaires à leurs entrepreneurs ès qualités. Les Européens, aidés par la Chine, l'Inde, les pays en développement et le groupe des 77[84], admettent le principe mais l'encadrent de règles contraignantes afin d'éviter toute possibilité « d'échappatoire » des pays industrialisés. Les principes de « permis à polluer » et de « bourse d'échange de carbone » étaient nés.

En 1999, le Sénat américain refuse, à une très large majorité, de ratifier le protocole. Il conditionne son accord à l'engagement effectif dans le processus de pays comme la Chine et l'Inde et'à l'assurance que le mécanisme de marché ne souffre d'aucune limitation de nature à bricer l'économie nationale.

En mars 2001, quelques semaines après sa prise de fonction, Georges W. Bush annonce que les États-Unis ne ratifieront pas le protocole de Kyoto, réactualisant l'esprit de la célèbre formule de Georges Bush Senior, lancée en prolégomènes à la conférence de Rio : « notre mode de vie n'est pas négociable ». Face à l'indignation internationale que l'intransigeance de cette décision suscite, les États-Unis proposent une alternative basée tout autant sur une croyance qu'un pari : laisser l'économie aller de l'avant sans contraintes en pronostiquant qu'à l'horizon de dix ans, les évolutions technologiques qu'elle aura permis de créer auront solutionné toutes les conséquences engendrées. Malgré toutes les pressions

---

Agarwal (A.), Narain (S.), *Global Warming in an Unequal World*, Centre for Science and Environnement, New Delhi, 1991.

[84] Le groupe des 77 est la plus grande coalition de pays en voie de développement au sein des Nations unies. S'il regroupait 77 nations lors de sa création en 1964, il compte aujourd'hui 130 membres.

64 Le développement durable, nouvelle idéologie ?

exercées[85], seule l'Australie, responsable de 2 % des émissions de gaz à effet de serre et premier exportateur mondial de charbon, se rallie à ce programme[86].

Le 16 février 2005, Kyoto entre en vigueur par une alliance inouïe sans les États-Unis, entre l'Union Européenne, le Japon, les pays du Sud et la Russie. Bruxelles sable le champagne tandis que les bourses européennes préparent le nouveau marché d'échange de carbone[87]. Délectation ultime, à la même époque, 130 villes des États-Unis décident de respecter les principes du protocole de Kyoto en réduisant leurs émissions de gaz à effet de serre, 18 États américains obligent les producteurs d'électricité à utiliser en partie des sources d'énergies renouvelables tandis que la Californie, 5ème puissance mondiale, s'engage à limiter ses émissions nocives à hauteur de 11 % avant 2010 et de 87 % avant 2050.

Le monde s'organise sans les États-Unis. Après le traité sur les mines anti-personnelles d'Ottawa[88] et la création de la

---

[85] Les États-Unis tentent d'influer sur les Nations qui hésitent à ratifier, comme sur la Russie par exemple, en leur promettant une aide technologique et financière en lieu et place du protocole.

[86] Le 28 juillet 2005 à Vientiane au Laos, les États-Unis et l'Australie vont même tenter de proposer une alternative « plus efficace » au protocole de Kyoto en organisant avec l'Inde, la Chine, la Corée du Sud et le Japon un « partenariat sur le développement propre et le climat dans la zone Asie-pacifique » dans le but de mettre en commun des moyens techniques et financiers pour développer des énergies propres et effectuer des transferts de technologies. Ne prévoyant aucune limitation, ni aucune échéance, cette initiative a été perçue pour beaucoup comme une tentative d'affaiblir les négociations à venir du protocole de Kyoto pour l'après 2012, échéance à partir de laquelle les pays en développement, la Chine et l'Inde en tête, doivent s'engager quantitativement dans le processus.

[87] Le protocole prévoyant l'échange de quotas par la voie d'un marché, les bourses européennes rivalisent pour créer la structure qui en serait la référence.

[88] La convention d'Ottawa de 1999 proposait l'interdiction de la production, du stockage, du commerce et de l'usage des mines anti-personnelles. Au 1er août 2005, 146 pays l'avaient ratifiée, les États-Unis comme la Russie, la

Cour pénale internationale (CPI)[89], le protocole de Kyoto vient confirmer ce constat. La bataille diplomatique qui s'est jouée autour du projet ITER en constituant le dernier épisode.

ITER

ITER est le rêve scientifique de la production d'énergie domestique par la fusion des atomes ; une énergie propre et quasi inépuisable qui subviendrait aux besoins mondiaux de l'humanité pour environ un milliard d'années. Sous ses aspects d'énième acronyme complexe et savamment trouvé pour n'oublier personne, ITER (*International Thermonuclear Experimental Reactor*) recèle un message plus simple qui rend assez bien compte, comme aiment à le rappeler ses principaux promoteurs, de la tonalité exceptionnelle que revêt ce projet. En latin ITER signifie « la voie », « le chemin », le « passage ».

Depuis près de 60 ans[90], l'homme maîtrise l'énergie de fission, principe de base des centrales nucléaires[91]. La fusion,

---

Chine, l'Inde ou encore le Pakistan, refusent d'y adhérer, le Pentagone, jugeant « nécessaire » de disposer de ce type de mines « pour protéger des militaires américains, des militaires de forces alliées ou des civils ».

[89] En juillet 1998, à Rome, 120 états ont adopté une convention destinée à mettre en place une Cour Pénale Internationale (CPI), cour permanente de justice basée à La Haye, ayant « compétence à l'égard des crimes les plus graves qui touchent l'ensemble de la communauté internationale » (crimes de guerre, génocides, crimes contre l'humanité, et crimes d'agression). La convention est officiellement entrée en vigueur le 1er juillet 2002 après que 60 États-parties (consentant à être liés par les dispositions au traité) l'aient ratifiée. Les États-Unis, tout comme la Russie et la Chine, ont refusé de ratifier. Craignant des conséquences du fait de leurs nombreuses interventions militaires à l'étranger, ils ont exercé une pression importante pour que le seuil des 60 États ne soit pas franchi.

[90] Le premier réacteur nucléaire est construit en 1942, aux États-Unis, par Enrico Fermi. En France, le premier réacteur d'essai, *Zoé*, est construit par le CEA (Commissariat à l'énergie atomique) et l'équipe de Frédéric Joliot-Curie en décembre 1948.

[91] Un neutron (neutre électriquement) projeté dans un noyau d'atome d'uranium (235) ou de plutonium (239) engendre une cassure interne qui

66   Le développement durable, nouvelle idéologie ?

source d'énergie du soleil et des autres étoiles, est un processus inverse. Pour obtenir une réaction de fusion, il faut rapprocher deux noyaux qui physiquement se repoussent tous deux car porteurs de charges positives. Ce seuil électrostatique franchi, les forces nucléaires résultantes produisent une énergie colossale. Tout l'enjeu d'ITER, outre de porter la réaction à quelque 100 millions de degrés pour forcer la répulsion naturelle de ces deux atomes, consiste à contenir l'énergie de la réaction et à la canaliser pour, à terme, produire de la vapeur et alimenter un ensemble classique de turbines-alternateurs, créateur d'électricité[92].

Alors qu'il faut des combustibles non renouvelables pour la technologie de fission (uranium[93], plutonium), il ne faudrait plus, en théorie, que de l'eau[94] à la technologie de fusion pour produire une énergie inépuisable.

En 1985, l'URSS a proposé une collaboration internationale afin de construire la prochaine génération de

---

produit de l'énergie et projette un nouveau neutron qui alimente une réaction en chaîne. Le principe d'un réacteur nucléaire est de récupérer cette chaleur afin de chauffer de l'eau produisant ainsi la vapeur nécessaire pour faire tourner les turbines qui, grâce aux alternateurs qui leur sont couplés, produisent de l'électricité.

[92] L'électricité que nous utilisons est *in fine* toujours produite par le même procédé : faire tourner des turbines, à l'image de la dynamo de nos bicyclettes. Seuls les moyens pour les entraîner diffèrent. Ainsi, sont utilisés l'air (éolienne), la force de l'eau (barrages, centrale hydraulique, marée motrice) et plus encore sa vapeur. En effet qu'elle soit chauffée au pétrole, au charbon ou au gaz (centrales thermiques) ou par réaction de fission d'un noyau d'uranium (centrale nucléaire), l'eau et sa vapeur sont toujours au centre du processus de fabrication.

[93] À un coût de production de 40 US dollars par kilo d'uranium, les réserves mondiales correspondent à 30 ans de fonctionnement des réacteurs actuellement en service. À 80 US dollars, ces réserves passent à plus de 60 ans de fonctionnement. Sources : Agence internationale de l'énergie atomique (AIEA), World Nuclear Association (WNA).

[94] Le combustible de la réaction est mélange de deutérium et de tritium ; 300 litres d'eau de mer suffisent à produire 1 gramme de deutérium.

« Tokamak »[95], une chambre de confinement magnétique destinée à produire de l'électricité en récupérant la chaleur produite par la réaction de la fusion nucléaire. Les États-Unis, le Japon et l'Europe (à laquelle s'associe le Canada) ont répondu favorablement l'année suivante. ITER était né sous les auspices de l'Agence internationale de l'énergie atomique (AIEA). Les premières phases d'études et d'ingénieries de cette collaboration scientifique à l'échelle planétaire ont duré jusqu'en 1998, date à laquelle les États-Unis abandonnent le projet, considéré comme trop coûteux et trop hasardeux. Face à cette défection, les parties restantes décident de poursuivre dans le cadre d'un projet moins ambitieux au budget réduit de moitié (3,5 milliards d'euros)[96].

Début 2003, les États-Unis reviennent dans le projet avec une contribution financière fixée à 10 %. La Chine et la Corée du Sud demandent à être associées au projet, tandis que quatre sites d'implantation sont proposés par le Canada, le Japon, l'Espagne et la France. Très vite[97], seuls deux sites restent en lice : celui de Rokkasho Mura dans le nord du Japon et celui de Cadarache dans le sud de la France.

L'opposition de la France à l'intervention en Irak ayant terni les relations avec les États-Unis, ces derniers soutiennent le Japon, aidé en cela par l'allié indéfectible sud-coréen. L'Union européenne reçoit pour sa part le soutien de la Russie et de la Chine. Le jeu quantitatif des alliances tourne assez vite

---

[95] Contraction des mots russes *Toroidalnaya*, *Kamera* et *Magnitnaya* traduit en français par « chambre toroïdale à confinement magnétique », technologie expérimentale inventée par le prix Nobel de physique Igor Yevgenyevich Tamm et le physicien nucléaire et prix Nobel de la paix Andreï Sakharov.

[96] Le coût global final sera supérieur à 9 milliards d'euros : 4,5 milliards d'euros pour la construction (2007-2015) et 4,8 milliards pour l'exploitation (2015-2035).

[97] Manque de financement du gouvernement pour le projet canadien, accord avec la France pour le projet espagnol.

68   Le développement durable, nouvelle idéologie ?

en faveur des Européens[98], à tel point que, dès décembre 2004, le Conseil européen, par la voie indiscrète[99] du ministre français de la Recherche, s'annonce convaincu du choix de Cadarache mettant ainsi en lumière un constat de fait : même aidé par l'apport financier japonais, les États-Unis n'aurait pas les moyens de lancer seuls ce « pari sur l'avenir ».

Le 28 juin 2005, après négociation d'importantes compensations[100] pour le Japon, le projet ITER était officiellement promis à Cadarache[101].

Le Vieux Continent comme nouveau modèle

Pour Robert Kagan, penseur néo conservateur américain et auteur d'un essai polémique de ce côté-ci de l'Atlantique intitulé *La Puissance et la Faiblesse*, les Américains et les Européens ne vivraient plus sur la même planète. L'Europe serait une habitante de Vénus, « paradis post-historique »,

---

[98] Dans le cas d'un scénario de coopération réduite à trois (Union européenne, Russie et Chine), la France (à hauteur de 20 %), l'Espagne et l'Italie se déclaraient prêts à augmenter leurs participations pour boucler le budget de 4,7 milliards d'euros, tandis que dans le même temps la Suisse, le Brésil et l'Inde demandaient à être associés au projet.

[99] L'annonce prématurée du ministre François d'Aubert, qualifiant « d'irrévocable » la décision de l'Union Européenne et de ses partenaires, a heurté la « fierté » du Japon retardant d'autant le dénouement de la négociation.

[100] L'hôte recalé recevra 20 % des contrats industriels pour la construction, 20 % des effectifs permanents d'ITER, un programme de recherche de 700 millions d'euros et la construction d'un centre d'étude des matériaux sur son sol. Le projet ITER est évalué à 10 milliards d'euros sur 30 ans et engendrerait 3 000 emplois directs pendant les 10 ans de construction, 3 250 pendant les 20 ans d'exploitation.

[101] Les enjeux territoriaux sont de taille à expliquer les âpres discussions entre États : la phase de construction devrait permettre d'employer directement 500 personnes, induit 3 000 emplois indirects en France, dont 1 400 en région Provence-Alpes-Côte d'Azur, et la construction de 2 000 logements. La phase d'exploitation devrait concerner 1 000 emplois directs et 3 250 indirects, dont 2 400 en région PACA. Source : ITER.

« idéal kantien de *paix perpétuelle* [où], par la réglementation, la négociation et la coopération entre Nations, tout n'est qu'apaisement et prospérité », tandis que les États-Unis, réalistes du temps présent et promoteurs d'un ordre libéral, résideraient sur Mars « déployant leur puissance dans le monde anarchique décrit par Hobbes »[102].

Pour son compatriote, l'économiste iconoclaste Jeremy Rifkin, auteur d'un essai polémique outre-Atlantique intitulé *Le rêve européen*, la vision du monde de l'Europe, « fondée sur l'inclusion, la diversité culturelle, la qualité de vie, le développement durable, les droits sociaux et les droits de l'homme universels, [...] mieux adaptée pour un monde globalisé [...] éclipserait tranquillement le rêve américain »[103].

La réalité doit se trouver plus médiane. Si Kagan exagère en considérant que les « Lilliputiens [les Européens] [...] cherchent à maîtriser le monstre [les États-Unis] en faisant appel à sa conscience », il a sans doute bien vu quand il subodore que l'Europe « espère contenir la puissance de l'Amérique sans avoir à déployer des moyens égaux [militaires] » dont elle n'a plus ni l'envie ni les moyens.

Le développement durable et le multilatéralisme qu'il induit seraient ainsi un moyen de la vieille Europe pour influer de nouveau sur le sens du monde. Ce « Vieux Continent » qui, comme le rétorquait indirectement Dominique de Villepin à Donald Rumsfeld[104] lors de son désormais célèbre discours au

---

[102] Kagan (Robert), *La Puissance et la Faiblesse*, Paris, Plon, 2003, extraits publiés dans l'édition du *Monde* des 27 et 28 juillet 2002.

[103] Rifkin (Jeremy), *Le rêve européen : ou comment l'Europe se substitue peu à peu à l'Amérique dans notre imaginaire* , Paris, Fayard, 2005, extraits repris dans l'édition de *Libération* du 21 septembre 2004.

[104] Le 22 janvier 2003, devant la presse étrangère à Washington, le secrétaire américain à la Défense, Donald Rumsfeld, avait suscité la polémique en déclarant que le centre de l'Europe s'était, selon lui, déplacé à l'Est, l'Allemagne et la France n'incarnant plus qu'une « vieille Europe ».

70   Le développement durable, nouvelle idéologie ?

Conseil de sécurité des Nations unies, « fidèle à ses valeurs, veut agir résolument avec tous les membres de la communauté internationale et croit en [sa] capacité à construire ensemble un monde meilleur »[105].

Un nouvel ordre du monde magnifié par Jacques Chirac et son discours à Johannesburg que la postérité a retenu sous le nom de « Notre maison brûle ».

« Notre maison brûle et nous regardons ailleurs. La nature, mutilée, surexploitée, ne parvient plus à se reconstituer et nous refusons de l'admettre. L'humanité souffre. Elle souffre de mal-développement, au nord comme au sud, et nous sommes indifférents. La terre et l'humanité sont en péril et nous en sommes tous responsables. [...]

Nous ne pourrons pas dire que nous ne savions pas ! Prenons garde que le XXIe siècle ne devienne pas, pour les générations futures, celui d'un crime de l'humanité contre la vie.

Notre responsabilité collective est engagée. Responsabilité première des pays développés. Première par l'histoire, première par la puissance, première par le niveau de leurs consommations. Si l'humanité entière se comportait comme les pays du nord, il faudrait deux planètes supplémentaires pour faire face à nos besoins. [...]

Dix ans après Rio, nous n'avons pas de quoi être fiers. La mise en œuvre de l'Agenda 21 est laborieuse. La conscience de notre défaillance doit nous conduire, ici, à Johannesburg, à conclure l'alliance mondiale pour le développement durable.

Une alliance par laquelle les pays développés engageront la révolution écologique, la révolution de leurs modes de production et de consommation. Une alliance par laquelle ils

---

[105] Extrait final à propos de la France du discours prononcé par Dominique de Villepin, ministre des Affaires étrangères, le 14 février 2003 au siège du Conseil de sécurité de l'ONU, à la veille de l'intervention américaine en Irak.

consentiront l'effort de solidarité nécessaire en direction des pays pauvres. Une alliance par laquelle le monde en développement s'engagera sur la voie de la bonne gouvernance et du développement propre. [...]

Au regard de l'histoire de la vie sur terre, celle de l'humanité commence à peine. Et pourtant, la voici déjà, par la faute de l'homme, menaçante pour la nature et donc elle-même menacée. L'Homme, pointe avancée de l'évolution, peut-il devenir l'ennemi de la Vie ? Et c'est le risque qu'aujourd'hui nous courons par égoïsme ou par aveuglement. [...]

Le moment est venu pour l'humanité, dans la diversité de ses cultures et de ses civilisations [...] de nouer avec la nature un lien nouveau, un lien de respect et d'harmonie, et donc d'apprendre à maîtriser la puissance et les appétits de l'homme. Et aujourd'hui, à Johannesburg, l'humanité a rendez-vous avec son destin [...] pour franchir cette nouvelle étape de l'aventure humaine ! »[106]

Même s'il faut se méfier de la dichotomie discours/pratique qui phagocyte les mots au service d'une ambition, tout autant que du « théâtre des apparences » qui barde de vœux pieux des intentions évanescentes[107], l'Europe semble avoir trouvé dans le développement durable l'incarnation[108] moderne de sa vision mondiale.

---

[106] Extrait du discours prononcé par Jacques Chirac devant l'Assemblée plénière du sommet mondial du développement durable à Johannesburg, le 2 septembre 2002.

[107] Lire les chapitres « Le sommet de l'espoir » et le « Retour sur terre » du *Syndrome du Titanic*, *op. cit.*, récit de l'expérience de l'auteur à ce sujet.

[108] L'ancien président de la Commission européenne, Romano Prodi, parlait de « backbone », « épine dorsale », à propos des objectifs de Lisbonne-Göteborg, stratégie visant à faire de l'Union européenne d'ici à 10 ans l'économie du savoir la plus compétitive et dynamique du monde tout en assurant la promotion de l'inclusion sociale et de la préservation de

Déjà inscrit en substance dans le traité de Maastricht (1992)[109], explicitement affirmé dans les traités d'Amsterdam (1997) et de Nice (2000)[110], le projet de constitution européenne en fait le troisième objectif affiché de l'Union après la Paix et Liberté[111], le préambule assurant : « qu'unie dans la diversité, l'Europe offre [aux peuples d'Europe] les meilleures chances de poursuivre, dans le respect des droits de chacun et dans la conscience de leurs responsabilités à l'égard des générations futures et de la planète, la grande aventure qui en fait un espace privilégié de l'espérance humaine ».

Apôtres du credo, Jacques Chirac et Tony Blair ont semblé rivaliser pour en être le porte-étendard. L'un, prenant la tête d'une coalition contre la pauvreté[112], a plaidé au côté du

---

l'environnement. *Conférence de presse sur les perspectives financières*, Bruxelles, 23 février 2004.

[109] « Déterminés à promouvoir le progrès économique et social de leurs peuples, dans le cadre de l'achèvement du marché intérieur, et du renforcement de la cohésion et de la protection de l'environnement [...] l'Union se donne pour objectifs de promouvoir un progrès économique et social équilibré et durable [...] », extrait du préambule et de l'article B du traité de Maastricht.

[110] « Déterminés à promouvoir le progrès économique et social de leurs peuples, compte tenu du principe du développement durable et dans le cadre de l'achèvement du marché intérieur, et du renforcement de la cohésion et de la protection de l'environnement [...] », extrait du préambule du traité d'Amsterdam, repris par le traité de Nice.

[111] « 3. L'Union œuvre pour le développement durable de l'Europe fondé sur une croissance économique équilibrée et sur la stabilité des prix, une économie sociale de marché hautement compétitive, qui tend au plein emploi et au progrès social, et un niveau élevé de protection et d'amélioration de la qualité de l'environnement. Elle promeut le progrès scientifique et technique », in « Objectifs de l'Union », *Projet de constitution de l'Union européenne*, article I-3, §3.

[112] Le 20 septembre 2004, à la veille d'une Assemblée générale de l'ONU, le président Jacques Chirac, au côté des dirigeants chilien (Rigardo Lagos), espagnol (José Luis Zapatero) et brésilien (Luiz Inacio Lula da Silva), appelaient la communauté internationale à « promouvoir une éthique sociale de la mondialisation » plaidant pour une taxation mondiale qui permettrait de

Un nouveau credo 73

président brésilien en faveur d'un impôt mondial pour lutter contre la faim et la misère, a forcé sa propre majorité à inscrire l'environnement dans la Constitution de son pays[113] et a fait la promotion de la « culture » comme quatrième pilier du développement durable, savourant la victoire de l'Unesco sur l'OMC[114].

L'autre, faisait du développement de l'Afrique et de la lutte contre le réchauffement climatique les priorités de sa double présidence, a lancé une politique ambitieuse de réduction de 60 % d'ici à 2050 des émissions de gaz à effet de serre de son Royaume-Uni et a essayé de ramener le grand frère américain à la raison internationale[115], tentant de transformer l'image du cheval de Troie en celle de rassembleur autour d'une troisième voie.

---

remplir les objectifs du *Millénaire* : réduire de moitié l'extrême pauvreté d'ici à 2015.

[113] Le 28 janvier 2005, le Parlement (Assemblée nationale et Sénat réunis) a adopté à Versailles la *Charte de l'environnement*, inscrivant ainsi, au même titre que les droits de l'homme et du citoyen de 1789 et que les droits économiques et sociaux de 1946, la notion d'environnement et celle du principe de précaution dans la Constitution. Ce texte, fort critiqué au sein de la majorité présidentielle, a été approuvé à 531 voix pour, 23 voix contre et 111 abstentions.

[114] Les représentants des États membres de l'Unesco ont adopté le 3 juin 2005, contre l'avis des États-Unis, un avant-projet sur la protection et la promotion de la diversité culturelle dont l'article 20, créant un droit propre pour le domaine culturel, fait echapper ses produits (cinéma, musique…) et ses subventions au droit commun du commerce régi par l'OMC.

[115] Président de l'Union européenne et président du G8, Tony Blair a tenté, lors du sommet de Gleneagles en juillet 2005, de convaincre Georges W. Bush et les États-Unis de revenir dans les négociations internationales autour du réchauffement climatique.

Chapitre 5. L'entreprise, entre contraintes et opportunités

En janvier 1999, le secrétaire général des Nations unies, Kofi Annan, proposait aux chefs d'entreprises, réunis au Forum économique de Davos[116], un « Pacte mondial » pour contribuer au développement de fondements sociaux et environnementaux d'une mondialisation positive. La phase opérationnelle du projet, nommé *Global Compact*, a été lancée le 26 juillet 2000 au siège de l'ONU à New York.

L'idée de Kofi Annan était de réunir, dans une nouvelle coalition plurilatérale, des dirigeants du monde des affaires, du monde du travail et de la société civile, pour inspirer des valeurs et des pratiques responsables au marché mondial, « seul espoir réaliste », à ses yeux, « de tirer des milliards d'êtres humains de la misère dans les pays en développement, tout en assurant la prospérité du monde industrialisé »[117].

Pour ce faire, le pacte repose sur 10 principes essentiels tirés de la *déclaration universelle des droits de l'Homme*, de la *déclaration relative aux principes et droits fondamentaux au travail* de l'Organisation internationale du travail (OIT), de la *déclaration de Rio* ou encore de la *convention des Nations unies contre la corruption*. Autant de textes « qui ont été adoptés par les gouvernements du monde entier et suscitent parmi eux un consensus »[118]. Initiative « exclusivement volontaire », le projet

---

[116] Fondée en 1971 par le professeur en politique des affaires Klaus Schwab, le Forum économique mondial de Davos (Suisse) est une organisation indépendante qui, sous le patronage du gouvernement fédéral suisse, fait se rencontrer depuis plus de trente ans des dirigeants de grandes entreprises mondiales et des représentants des États afin « d'améliorer l'état du monde en engageant les dirigeants dans des partenariats » comme le résume le communiqué de présentation du *Forum* (Source : « About us » *in* www.weforum.org)

[117] Extrait de la déclaration liminaire faite par le secrétaire général Kofi Annan, à l'ouverture de la réunion de haut niveau consacrée au *Pacte mondial*, siège des Nations unies, New York, 26 juillet 2000.

[118] *Idem.*

engage ses partenaires à promouvoir l'essence du *pacte*, à valoriser et partager ses mises en pratique concrètes, ou encore à s'associer aux Nations unies dans le cadre de partenariats politiques pour l'aide au développement.

En contrepartie, les entreprises, associations et syndicats signataires peuvent se revendiquer de l'esprit du projet.

« Le Pacte mondial engage les dirigeants des entreprises à 'embrasser, promouvoir et faire respecter' un ensemble de valeurs fondamentales dans le domaine des droits de l'homme, des normes du travail, de l'environnement et de la lutte contre la corruption.

Droits de l'homme

Principe 1 : Les entreprises doivent promouvoir et respecter les droits de l'homme reconnus sur le plan international ;

Principe 2 : Les entreprises ne doivent pas se faire complices de violations des droits fondamentaux.

Normes de travail

Principe 3 : Les entreprises devraient respecter l'exercice de la liberté d'association et reconnaître le droit à la négociation collective ;

Principe 4 : Élimination de toutes les formes de travail forcé et obligatoire ;

Principe 5 : Abolition effective du travail des enfants ;

Principe 6 : Élimination de la discrimination en matière d'emploi et d'exercice d'une profession.

Environnement

Principe 7 : Promouvoir une approche prudente des grands problèmes touchant l'environnement ;

Principe 8 : Prendre des initiatives en faveur de pratiques environnementales plus responsables ;

Principe 9 : Encourager la mise au point et la diffusion de technologies respectueuses de l'environnement.

Lutte contre la corruption[119]

Principe 10 : Les entreprises sont invitées à agir contre la corruption sous toutes ses formes, y compris l'extorsion de fonds et les pots-de-vin. »

Depuis son lancement, près de 2 300 entreprises à travers le monde ont rejoint le *Pacte*, dont 391 françaises. Sur les 40 champions du CAC 40[120], 31 en sont signataires. Pourquoi un tel engouement ?

La réputation et la confiance

Si, de tout temps, la réputation a eu son importance, aujourd'hui, comme le souligne Denis Kessler, ancien vice-président du Medef et actuel président d'honneur de l'Observatoire de la réputation, elle devient une variable économique à part entière, « une valeur subjective [...] qui joue un rôle croissant dans les choix économiques et financiers »[121]. « Actif intangible principal », la bonne ou la mauvaise réputation, et la confiance ou la défiance qu'elles génèrent, sont en effet constitutives de ce *goodwill*, cette survaleur de plus en plus importante entre ce que vaut réellement une entreprise (son actif) et son appréciation boursière (sa cotation). Le langage, témoin de son temps, ne valorise-t-il pas le fait « d'avoir la cote » ?

---

[119] À l'origine, le *Pacte mondial* ne comptait que 9 principes. Un dixième principe, concernant la corruption, a été ajouté le 24 juin 2004.

[120] Indice boursier de référence de la place de Paris, composé des quarante valeurs les plus actives du marché français des actions parmi ses 100 premières capitalisations.

[121] Kessler (Denis), « *De reputationis* », éditorial du site de l'Observatoire de la réputation, www.cbs-reputation.org.

Certes, depuis Vatel qui se donna la mort de peur d'être déshonoré à l'idée de faillir à sa réputation[122], la disgrâce professionnelle n'entraîne, sans autres raisons extérieures, que très peu de suicides. Et rares sont les patrons qui, comme ce directeur d'une banque japonaise en pleurs devant l'assemblée de ses employés, s'excusent de la faillite de leurs entreprises. Le temps semble même effacer beaucoup plus vite qu'antan les défaveurs, à en juger par la place qu'occupe aujourd'hui, dans le top 50 des « *most admired compagnies* »[123] américaines, l'entreprise Exxon-mobil, qui, 20 ans plus tôt, était unanimement honnie à travers la personne de son PDG Lawrence G. Rawl, pour avoir déclaré, assertif, « que la situation était sous contrôle » vingt-quatre heures avant que le pétrolier Exxon-Valdez ne souille plus de 2 000 km de côtes en Alaska[124].

À l'heure de la vitesse exponentielle des informations en un seul click, la confiance, ce joyau déjà précieux autrefois, devient cependant de plus en plus fragile et une réputation entachée par l'opprobre de la mauvaise publicité coûte de plus en plus cher.

Les sujets sensibles et médiatiques du moment : la probité des comptes, l'environnement, le travail des enfants, les droits de l'homme.

---

[122] François Vatel, maître d'Hôtel de génie, était au service du Grand Condé, premier prince du sang. Dans la nuit du 23 au 24 avril 1671, ce dernier recevait fastueusement Louis XIV en son château de Chantilly. Vatel, grand organisateur de l'événement, ne voyant pas arriver les produits de la marée, se donna la mort par trois coups d'épée, ne supportant pas le déshonneur que ce contretemps aller entraîner. Comme le raconte dans ses lettres Madame de Sévigné, « la marée cependant arriva de tous côtés » peu après.

[123] 18ème sur 50 dans la liste 2007 des entreprises les plus admirées, d'après le classement annuel du magazine américain *Fortune*.

[124] Le 24 mars 1989, plus de 40 millions de litres de pétrole ont été déversés dans la baie du Prince William après que le supertanker Exxon-Valdez ait heurté un récif, provoquant la pire marée noire qu'aient connue les États-Unis.

L'entreprise, entre contraintes et opportunités   79

Autant de thèmes sur lesquels s'évertuent à communiquer depuis quelques années les poids lourds du CAC40 français, du S&P 500 américain, du DAX allemand et autre Footsie[125] britannique. Et, de la même manière que dans le domaine de la transparence c'est peut être en raison d'une communication offensive sur ce thème que l'entreprise a fait germer les soupçons[126], la communication tapageuse et mal à propos de certains en matière de développement durable a attisé les suspicions. Les ONG ont commencé à relever, puis dénoncer de manière de plus en plus bruyante, la dichotomie entre le discours et la pratique. Des néologismes sont même apparus pour stigmatiser ces dérives : le « blue washing » pour qualifier l'utilisation à tort et à travers du logo bleu au planisphère lauré des Nation-Unies, le « greenwashing » ou « verdissement d'images », en français dans le texte, pour désigner les communications environnementales, si ce n'est mensongères, du moins discutables.

Le pétrolier BP a été un des premiers à en faire les frais. Durant l'été 2000, suivant l'esprit du moment et profitant de rapprochements stratégiques avec *Amoco*, *Arco Castrol* et *Aral*, la deuxième compagnie pétrolière mondiale et plus grande société du Royaume-Uni, change son sigle et son logo. *British Petroleum* se transforme ainsi en *Beyond Petroleum* (« bien plus que du pétrole ») et troque son ancien écusson pour un nouvel emblème en forme de soleil radieux — vert, jaune et blanc — baptisé Hélios, dieu du soleil de l'Antiquité grecque, afin de symboliser « l'énergie dynamique sous toutes ses formes, du pétrole au gaz naturel, en passant par le solaire ».

Par cette nouvelle marque, BP entendait « repositionner l'entreprise, redéfinir ses objectifs, [...] rester à la pointe en

---

[125] FTSE (*Financial Times Stock Exchange*), indice de base du marché boursier britannique, créé par le *Financial Times*, d'où son surnom.

[126] Voir à ce sujet le livre de Thierry Libaert, *La transparence en trompe l'œil*, Paris, Ed. Descartes & Cie, 2003.

80   Le développement durable, nouvelle idéologie ?

matière d'environnement et [...] faire preuve de responsabilité sociale », comme le précisait son communiqué de presse de l'époque. Très vite, des associations écologistes ont dénoncé « l'hypocrisie » d'une campagne qui avait coûtée autant que tous les investissements en matière d'énergies renouvelables dépensés par la compagnie en six ans. Les associations ont également souligné qu'à côté de ce « vernis » vert et socialement responsable, BP exploitait toujours des zones écologiques primordiales et contractait pour plusieurs milliards de dollars des partenariats avec des régimes peu fréquentables, tels ceux des oligarques russes, d'Azerbaïdjan ou d'Angola. Depuis lors, la compagnie, ne pouvant ni prendre le risque de persister, ni provoquer le discrédit de reculer, plus aucun document officiel ne mentionne ce que signifie explicitement le sigle « BP », libre à chacun de l'interpréter à sa guise...

Le sujet est « sensible » en effet et, même dans son bon droit, une mauvaise communication en la matière a parfois les mêmes conséquences qu'un incident majeur. C'est l'amer constat qu'a fait, six ans plus tôt, un autre géant du pétrole, l'anglo-néerlandais *Shell*. Avec l'accord des autorités européennes et britanniques, cette société avait décidé de couler dans les eaux profondes de la Mer du Nord une plateforme pétrolière usagée plutôt que de la démanteler à terre. *Greenpeace* accusa publiquement la compagnie au coquillage d'irresponsabilité, organisant une importante campagne de boycott européenne contre elle. L'affaire *Brent-spar*, du nom de ladite plateforme, trouva son dénouement en justice, où *Shell* prouva que le coût écologique aurait été plus important en démantelant la structure à terre, qu'en la sabordant en mer. *Greenpeace* fit ses excuses, mais il fallut à *Shell* des millions de dollars de marketing pour redorer une image ternie par cette erreur de...communication.

Conscient de ces fébrilités, le Bureau français de vérification de la publicité (BVP)[127] sentira même le besoin, fin 2003, de préconiser officiellement aux professionnels du secteur de veiller à ce que « l'ampleur de la revendication d'une action en faveur du développement durable [soit] proportionnée à l'étendue des actions réalisées », toutes exploitations d'un argument devant impérativement être prouvées et justifiables[128].

Le carcan et l'initiative

Très en vogue, le nouveau sigle RSE, traduit de l'anglais *Corporate Social Responsabilty* par « responsabilité sociale des entreprises »[129], semble avoir séduit une grande partie des grosses compagnies nationales et internationales qui participent à foison aux associations, cercles, conférences, colloques et autres tables rondes sur le sujet.

Traduction dans l'entreprise des principes du développement durable, la RSE représente, pour certains, un *lobby* de plus pour insuffler un vent favorable à ceux qui savent où ils vont[130]. Pour d'autres, en revanche, ce mouvement est le signe de la redéfinition positive du rapport entre l'entreprise et son environnement dans son acception la plus large.

---

[127] Le BVP est une association interprofessionnelle privée de loi 1901. C'est un organisme d'autodiscipline au sein des professionnels de la publicité (annonceurs, agences, supports et médias…).

[128] Recommandation « Publicité et développement durable », BVP, 17 décembre 2003.

[129] L'adjectif « social » ayant un sens plus large en anglais qu'en français, certains lui préfèrent l'idée de sociétale qui, réunissant la dimension sociale et environnementale, traduit mieux la portée englobante de la croisée de ces deux champs.

[130] « Il n'y a point de vent favorable pour celui qui ne sait dans quel port il veut arriver » *in* Sénèque, *Lettres à Lucilius*, livre VIII, lettre 71, extrait souvent repris et traduit sous forme de maxime dans le domaine de la stratégie par « Nul vent favorable pour celui qui ne sait où il va ».

82   Le développement durable, nouvelle idéologie ?

Les supporters de la démarche, cabinets spécialisés de conseil en tête, considèrent en effet qu'une stratégie de développement durable, non seulement évite les risques tout en renforçant l'image, mais motive également en interne et réduit les coûts. Un exemple est par ailleurs souvent cité pour illustrer ses bienfaits : celui de l'entreprise de semi-conducteurs STMicrolelectronics qui, s'étant engagée à repenser son processus de fabrication afin de baisser sa consommation d'eau de 10 % par an, a économisé, depuis 1997, près de 62 millions de dollars[131].

Si ces arguments gagnant-gagnant[132] ne suffisaient pas à convaincre, la loi et la pression institutionnelle qu'elle induit sont une source « d'intérêts » plus pragmatique qui pousse les entreprises à se préoccuper de développement durable.

Certaines obligations, si elles témoignent bien de l'esprit de leur temps, ne sont pas encore bien contraignantes ; c'est le cas de la loi sur les nouvelles régulations économiques (dite « NRE ») qui, depuis 2001, oblige les entreprises à indiquer dans leur rapport annuel « la manière dont la société prend en compte les conséquences sociales et environnementales de son activité »[133]. D'autres, en revanche, ne laisseront bientôt plus le loisir de l'indifférence ; nul n'étant censé ignorer la loi, celle à venir sur les émissions de CO_2 contraindra le parc industriel à gérer ces problématiques.

---

[131] Source : STMicroelectronics, *Corporate Responsability Report 2004*, p.79.
[132] Modèle d'affaires dans lequel les négociations, les échanges ou les partenariats sont favorables à chacun des protagonistes. Autrement appelé « *win-win* » en anglais.
[133] Article 116 de la loi sur les nouvelles régulations économiques, paru au Journal officiel du 16 mai 2001. Ce texte ne précise cependant ni la quantité ni la qualité minimales des informations souhaitées.

L'entreprise, entre contraintes et opportunités   83

Enfin, plus terre à terre encore, une réponse à l'intérêt que suscite le développement durable pour les entreprises pourrait se trouver dans les nouveaux débouchés qu'il augure. De la démarche HQE[134] qui s'impose dans le bâtiment, aux 135 000 emplois pronostiqués en France dans le domaine des énergies renouvelables[135] ; de l'essor attendu des éco-conception et processus de recyclage, à l'augmentation constante des parts de marché des produits financiers socialement responsables ; le développement durable modèle en effet de ses attentes ces pans toujours plus nombreux de l'économie classique.

---

[134] Haute Qualité Environnementale. Démarche volontaire définie autour de quatorze cibles qui vise, dans le bâtiment et la construction, à limiter les impacts environnementaux tout en préservant la qualité de vie. *Cf.* www.assohqe.org

[135] Extrapolation, faite à partir des exemples allemand et espagnol, réalisée en 2004 par Eurofores, organisme européen chargé de la promotion des énergies renouvelables, www.eurofores.org.

Chapitre 6. Valeur et quête de sens

D'aucuns voient dans la question des rapports homme-nature en Attique posée par le *Critias* de Platon les prémices du développement durable. Ce dialogue inachevé, suite de la genèse cosmologique du monde du *Timée*, décrit la structure de deux puissances rivales : une Atlantide fastueuse et maritime contre une Athènes de jadis mesurée et foncière. En réalité, deux faces d'une même monnaie qui permettent à son auteur, sous couvert d'anachronisme[136], de livrer un regard critique sur l'Athènes de son temps.

Ainsi, plus que dans l'éloge d'un modèle autarcique et modeste d'une cité sage où la nature généreuse serait traitée avec égard par des « agriculteurs amis du beau et naturellement doués »[137], il faut trouver l'analogie avec le développement durable dans la chute de cette cité atlante aux aspirations hégémoniques qui aurait failli par déséquilibre en sombrant dans « l'indécence ». Une « in-dé-cence » qui amènerait peut-être en langue des oiseaux dont certains prêtent déjà à Platon l'usage, l'idée de perte de sens. Cette sagesse perdue que Cicéron, par l'intermédiaire de Caton, traduit dans cet agriculteur qui « plante un arbre au profit d'un autre âge [...] pour les dieux immortels, qui veulent que, sans [se] contenter de recevoir ces biens de [ses] ancêtres, [il] les transmette aussi à [ses] descendants»[138].

---

[136] Critias, qui raconte ce récit à Timée et à Socrate, date les évènements dans un passé lointain d'environ 9000 ans.
[137] Platon, *Critias*, Paris, Les Belles Lettres, 2002, p.53.
[138] Cicéron, *Caton l'Ancien (De la vieillesse)*, VII-24, Paris, Les Belles Lettres, 1996, p. 96.

L'idée de générations futures

L'idée de « générations futures », pour lesquelles le développement durable entend son action, n'est en soi pas nouvelle.

On trouve déjà l'idée, tout comme l'expression, dans les premiers mots du préambule de la Charte des Nations unies de 1945[139] : « Nous, peuples des Nations unies, résolus à préserver les générations futures du fléau de la guerre qui deux fois en l'espace d'une vie humaine a infligé à l'humanité d'indicibles souffrances... ».

Ce qui est nouveau, c'est son acception comme un acteur à part entière. On parle au nom des générations futures, on leur prête des intentions, des besoins, des exigences. Allégoriques, elles occupent pourtant un siège bien réel à la table des négociations des futurs possibles. Semonce, « c'est avant tout l'accusation que comporte cet avertissement, montrant ces êtres du futur comme nos victimes, qui nous interdit moralement »[140].

À la fois but et prétexte, elles se trouvent instrumentalisées par ce « défaut d'ingérence » vis-à-vis duquel l'ancien directeur général de l'Unesco nous met en garde.

« Partout, *l'homme d'aujourd'hui s'arroge des droits de l'homme de demain*, menaçant son bien-être, son équilibre et parfois sa vie, et nous commençons à nous apercevoir que nous sommes en train de compromettre l'exercice, par les générations futures, de leurs droits humains. [...] Si nous voulons protéger nos descendants, il nous faut avant tout reconnaître, accepter et gérer ce paradoxe fondamental : le

---

[139] Document de vingt-neuf chapitres et 111 articles qui précise l'essence et le fonctionnement de l'ONU, la Charte des Nations unies a été signée le 26 juin 1945 à la Conférence de San Francisco par 50 pays. Sa ratification a eu lieu le 24 octobre 1945, cette date étant célébrée chaque année depuis lors comme *la journée des Nations unies*.

[140] Jonas (Hans), *op. cit.*, p.103.

progrès et la civilisation sont l'avers de la médaille ; la possibilité de l'apocalypse, de la destruction irréversible, du chaos, en est l'envers. Cette lucidité constitue l'exigence première de notre responsabilité à l'égard des générations futures. [...] Gardons-nous cependant, dans notre souci de préserver, du défaut d'ingérence. Le XXIe siècle ne nous appartient pas ; il appartient aux générations futures. L'homme futur, s'il est notre frère, n'est pas notre double. Il est d'un autre temps, un temps dont nous ignorons encore les défis, les dangers et les désirs. Le monde change vite en effet et avec lui nos goûts, nos besoins et nos craintes. Il est fort probable que les structures administratives, juridiques, scientifiques et intellectuelles d'aujourd'hui seront inadaptées aux exigences de demain. *Respecter l'homme futur, c'est lui donner le choix et les moyens d'être différent.*

[...] Nous n'avons qu'un seul patrimoine intact : c'est l'avenir. Là est notre espoir. Préservons les terres vierges du futur : semons dès à présent les valeurs de l'avenir. Cultivons-les. Confions-les à nos successeurs. Nous léguerons ainsi à nos enfants un héritage ouvert, vivant sans testament. »[141]

Ainsi, plus qu'un garde-fou inquisiteur de bonne conscience, l'idée de « générations futures » se révèle-t-elle pour certains comme une apostrophe à la responsabilité des générations présentes pour laisser un champ ouvert de futuribles[142], « héritage qui n'est précédé d'aucun testament »[143] comme l'appelait de ses vœux le poète surréaliste René Char.

---

[141] Mayor (Federico), « Pour une éthique du futur », *Un monde nouveau*, Paris, Odile Jacob, 1999, p. 473.
[142] Contraction de « futurs possibles », néologisme utilisé dans le domaine de la prospective.
[143] Char (René), *Feuillets d'hypnos*, n°62, Paris, Gallimard, 1946.

88   Le développement durable, nouvelle idéologie ?

Une alternative pragmatique

La chute du mur de Berlin a écourté le XXe siècle qui, déjà à ses débuts, commençait avec quatorze années de retard. Depuis l'effondrement de cette matérialisation du rideau de fer à la veille des années 90, on parle de la « fin des idéologies » quand d'autres y voient l'avènement d'idéologies plus sournoises, « invisibles » même, comme celles de l'argent roi ou de la financiarisation du monde[144].

Frappées d'anathème, les idéologies ne semblent plus avoir la faveur du XXIe siècle, associées qu'elles sont aux millions de victimes du siècle précédent, mortes en leurs noms. Pourtant s'ils n'attirent plus la sympathie, les « ismes », suffixes doctrinaires, n'en sont pas moins toujours présents : l'unilatéralisme, le néo-libéralisme, l'économisme ou encore le court-termisme…

Avec la fin de la partition berlinoise s'est effondrée l'idée d'un antagonisme, et avec lui, l'illusion qu'il drainait d'une alternative radicale. Un système est resté en lice, triomphant et sans partage. Les idéologies de l'après, sous quelques formes qu'elles revêtent, n'en apparaissent plus que comme des déclinaisons ou des amendements. «Le développement durable n'est ni une utopie ni même une contestation, mais la condition de survie de l'économie de marché », confiait fin 2004 l'ancien PDG de Renault, Louis Schweitzer, à un mensuel économique qui titrait « Pour sortir du prêt-à-penser économique »[145].

Un constat réaliste : « qui veut aller loin ménage sa monture »… Les tenants de cette acception commencent de plus en plus à se distinguer par une propension sémantique à faire glisser l'idée de développement durable vers celle de

---

[144] Guillebaud (Jean-Claude), « L'idéologie invisible », *La trahison des Lumières*, Paris, Seuil, 1995, pp.37-68.
[145] « Entretien avec Louis Schweitzer », *Enjeux Les Échos,* décembre 2004, p. 74.

… Valeur et quête de sens … 89

« croissance durable » qui, gardant l'esprit, serait plus souple en revanche avec les contraintes. Pour d'autres, partisans de la « décroissance soutenable »[146], le concept de développement durable apparaît, dans un contexte de surexploitation, comme un oxymore, telle « l'obscure clarté » de Corneille « qui tombe des étoiles… »[147].

Le développement durable se pose plus qu'il ne s'oppose face à « l'économisme », cet « intégrisme économique »[148] comme le définit Albert Jacquard, « doctrine selon laquelle le progrès économique résoudra les problèmes sociaux mieux [qu'un] régime politique »[149]. Accusé parfois de collusion, il joue en effet sur le même terrain. De la même manière que le mouvement altermondialiste veut « rompre avec les modèles actuels de développement économique plus que de supprimer le capitalisme »[150], le développement durable ne conteste pas le système, il le tempère. Face à ses dérives et ses promesses d'irréversibilités, il est un sauveur acceptable, une alternative pragmatique.

---

[146] Théorie développée par l'économiste d'origine roumaine Nicholas Georgescu-Roegen contestant l'idée que le progrès se quantifie à l'aune exclusif de l'augmentation du PIB. Cette théorie s'oppose à la fois au libéralisme et la notion de développement durable, considérant le second comme une instrumentalisation du premier. Face aux limites quantitatives du système, elle prône une baisse de la consommation de l'énergie et des biens physiques.

[147] Corneille (Pierre), *Le Cid,* Acte IV, scène III, v. 1273, Paris, 1637.

[148] Jacquard (Albert), *J'accuse l'économie triomphante*, Paris, Calmann-Lévy, 1995, p.10.

[149] Définition du *Dictionnaire de la langue française*, Bordas, édition 1988, p. 899.

[150] Agrikoliansky (Eric), Sommier (Isabelle) (dir.), *Radiographie du mouvement altermondialiste*, Paris, Éd. La Dispute, 2005.

90   Le développement durable, nouvelle idéologie ?

Le sens du futur

Mais il n'est pas que cela. Le 10 décembre 2007, date annuelle de la grand-messe à l'hôtel de ville d'Oslo en souvenir de la mort d'Alfred Nobel, le président du Comité norvégien a remis officiellement le prix Nobel de la Paix conjointement à Al Gore et au Groupe d'experts intergouvernemental sur l'évolution du climat (GIEC).

Dans l'idée de son bienfaiteur, l'industriel suédois inventeur de la dynamite qui légua toute sa fortune à la fondation du même nom, le prix pour la « défense de la paix » devait être attribué à la personnalité de l'année qui aurait « le plus ou le mieux contribué au rapprochement des peuples, à la suppression ou à la réduction des armées permanentes, à la réunion ou à la propagation des congrès pacifistes »[151].

Depuis 1901, quatre-vingt-quinze personnalités et vingt organisations ont été distinguées. Parmi elles, des chantres d'humanité tels que Mère Teresa (1979) et Tenzin Gyatso, 14ème Dalaï Lama (1989) ; des figures historiques de la lutte pour les droits de l'homme tels que Martin Luther King (1968), Andrei Sakharov (1975) ou Lech Walesa (1983) ; des hommes politiques aux incidences pacifistes comme Sir Austen Chamberlain, Aristide Briand et Gustav Stresemann pour les accords de Locarno (1925,1926), Willy Brandt et son *Ostpolitik* (1971), ou encore Mikhaïl Gorbatchev pour sa contribution à la fin de la Guerre froide (1990).

En 106 ans d'existence, c'est la deuxième fois que le Comité Nobel pour la Paix décide d'honorer la défense de l'environnement comme gage de paix, au même titre que le combat pour les droits de l'Homme et la promotion de la démocratie.

En effet, dix ans après Yasser Arafat, Shimon Peres et Yitzhak Rabin et « leurs efforts pour créer la paix au Moyen-

---

[151] Extrait du *Testament d'Alfred Nobel*, Paris, 27 novembre 1895.

Orient », après le président sud-coréen Kim Dae Jung « pour son travail pour la démocratie et les droits de l'homme en Corée du Sud, en Asie en général et pour la paix et la réconciliation avec la Corée du Nord en particulier » (2000), après les Nations unies et son secrétaire général Kofi Annan « pour leur travail pour un monde plus organisé et plus pacifique » (2001), après l'ancien président des États-Unis Jimmy Carter « pour ses inlassables efforts à trouver des solutions pacifiques aux conflits internationaux » (2002), après Shirin Ebadi, première femme à devenir juge en Iran pour « ses efforts pour la démocratie et les droits de l'homme et son combat particulier pour les droits des femmes et des enfants » (2003), le Comité avait récompensé en 2004 Wangari Maathai, député écologiste et secrétaire d'État à l'Environnement kenyan « pour sa contribution au développement durable, à la démocratie et à la paix ».

Malgré de nombreux avertissements sceptiques, le Comité avait déjà élargi, au cours des dernières décennies, l'acception du concept de paix en faisant des Droits de l'Homme un élément central de sa définition. Par ce choix en 2004, l'aréopage norvégien réaffirmait qu'il existait différentes voies contribuant à la paix et qu'il entendait encore étendre un peu plus loin sa définition, « la protection de l'environnement [étant] déjà devenue une autre voie pour la paix »[152].

En récompensant en 2008 les efforts d'Al Gore et du GIEC pour leur travail de fond et de forme sur les incidences de l'homme sur le climat, le Comité Nobel norvégien entendait participer à l'alerte « avant que le changement climatique évolue au-delà du contrôle de l'homme », en attirant l'attention, « sur les processus et les décisions qui paraissent nécessaires pour protéger le futur climat du monde ». Un message à

---

[152] Extrait du discours de présentation du *prix Nobel de la paix 2004* prononcé à Oslo le 10 décembre 2004 par le professeur Ole Danbolt Mjøs, président du Comité Nobel norvégien.

l'endroit de l'humanité sur les conséquences des changements climatiques qu'elle génère, bien conscient « qu'ils peuvent modifier et menacer les conditions de vie d'une grande partie d'humanité » en incitant « la migration à grande échelle et causer la plus grande compétition pour les ressources de la terre ». « Des changements qui lesteront particulièrement les pays les plus vulnérables du monde et pourraient augmenter les dangers de conflits violents et de guerres, dans et entre les Etats »[153].

Si *vis pacem para bellum* ne s'est toujours pas démenti, les colombes scandinaves ne sont pas les seules à anticiper les conséquences d'un réchauffement. Alors que les membres du Comité délibéraient, l'armée américaine projetait elle aussi des scénarios élaborés sur la raréfaction des ressources hydriques comme source de conflit potentiel dans le nord de l'Inde, en Asie centrale ou encore au Moyen-Orient[154].

Ainsi, en pleine conférence des Nations unies sur le changement climatique de Bali, nouveau cycle de négociations cruciales pour la définition d'une stratégie de l'après 2012, au moment où l'Australie, par la décision de son nouveau gouvernement de ratifier le protocole de Kyoto, isolait un peu plus l'intransigeance américaine, cette récompense décernée sous les ors scandinaves ne consacrait ni un homme, ni même un groupe d'hommes, mais un champ : l'environnement comme paradigme fragile d'équilibre, facteur de paix ou de guerre en ce XXIe siècle balbutiant.

Le développement durable serait ainsi une nouvelle composante en vue d'un équilibre mondial global, « l'idée d'une *paix* entre l'esprit et la nature, paix pour l'amour de

---

[153] Annonce du résultat du *prix Nobel de la paix 2007,* délivrée à Oslo le 12 octobre 2007 par le professeur Ole Danbolt MJØS, président du Comité Nobel Norvégien.
[154] « National security and the threat of climate change », rapport du Center for Naval Analysis, juin 2007.

Valeur et quête de sens   93

laquelle la présomption de l'homme [renoncerait] à beaucoup de choses auxquelles l'habitude paraît lui donner un droit »[155].

Un nouveau pacte homme-nature, comme le mettait en exergue la première exposition universelle du XXIe siècle à Aichi au Japon, qui plaçait l'excellence technologique de l'exercice[156] sous le haut patronage de la « Sagesse de la Nature ». « Une nouvelle orientation pour l'humanité », « une nouvelle interface entre la nature et la vie au XXIe siècle »[157] dont le développement durable, pour le pavillon commun franco-allemand[158], en était l'interprétation de ce qu'elle a de plus nécessaire.

Un nouveau contrat plurivoque : « nouveau *contrat social* qu'exigent la troisième révolution industrielle et la mondialisation qui l'accompagne ; *contrat naturel* que nous devons conclure avec la Terre ; *contrat culturel* qui saura valoriser les trésors intangibles des cultures et favoriser leur convivialité ; *contrat éthique* enfin, sans lequel on ne vaincra pas la pauvreté et la violence, sans lequel nous privons les générations à naître de leur futur. »[159]

---

[155] Jonas (Hans), « Philosophie. Regard en arrière et regard en avant à la fin du siècle », *Pour une éthique du futur*, Paris, Rivages poche, 1997, p.63.

[156] Les expositions universelles depuis 1851, date de la première au *Crystal Palace* de Londres, sont dévolues à montrer ce que les nations font de mieux au niveau technique technologique et artistique. Originellement crée pour diffuser les innovations et améliorer les échanges commerciaux entre les pays, les expositions universelles ont longtemps symbolisé l'optimisme que suscitait le progrès. Aujourd'hui ce rendez-vous planétaire expose toujours les excellences nationales et propose un kaléidoscope des visions du futur.

[157] « Message du japon : la Sagesse de la Nature », *Qu'est ce que l'Expo 2005 Aichi, Japan ?*, présentation de l'exposition universelle, mars-septembre 2005. www.expo2005.or.jp

[158] Pour la première fois dans l'histoire des expositions universelles, deux états, la France et l'Allemagne ont décidé de se présenter ensemble dans un pavillon commun de 3 200 m^2 comportant deux espaces nationaux et une « maison commune » sous le thème des « enjeux du développement durable ».

[159] Mayor (Federico), « Pour une éthique du futur », *op.cit.*, p. 473.

Qu'il s'agisse de la prise de conscience des impasses dommageables, du constat inéluctable des limites du système, de l'expression d'un besoin de principes de la part des consommateurs, de propositions locales, nationales et internationales, d'une alternative politique ou d'orientations stratégiques des entreprises, l'idée du sens est toujours au cœur des questions que pose le concept de développement durable.

Quand les antimondialisations clament que « le monde n'est pas une marchandise » ils parlent de valeur ; quand à Porto Allegre, en 2002, les rebaptisés altermondialistes assurent qu'un « autre monde est possible », ils parlent de direction.

À l'heure de la fin des idéologies antagonistes, de l'essor des menaces rampantes et des limites de systèmes obsolètes, le développement durable est peut-être ce compromis, qui tempère plus qu'il ne révolutionne. Une réponse moderne à cette question cardinale qui occupe le XXIe siècle avec une prégnante actualité, que déjà Malraux prophétisait, celle du sens, dans sa double acception de direction et de valeur.

Principaux repères chronologiques

1896 Le chimiste suédois Svante Arrhénius suggérait que les émissions de gaz carbonique pourraient entraîner une hausse de la température moyenne de la Terre de 4 degrés

1962 Parution du livre *Le printemps silencieux* de l'océanographe Rachel Carson

1963 Parution du livre *Quelle terre laisserons-nous à nos enfants ?* du biologiste Barry Commoner

1965 Parution du livre *Avant que nature meure* du directeur du Muséum d'histoire naturelle Jean Dorst

1971 Création du ministère français de l'Environnement

1972 Publication du rapport *Halte à la croissance !* par le Club de Rome

1978 Le pétrolier *Amoco Cadiz* s'éventre sur les côtes bretonnes de Portsall (16 mars)

1972 Conférence des Nations unies sur l'environnement humain de Stockholm (4-16 juin)

1984 Explosion chimique sur le site de Bhopal en Inde (2-3 décembre)

1986 Explosion du réacteur nucléaire de Tchernobyl (26 avril)

1987 Commission mondiale sur l'environnement et le développement (CMED), rapport Brundtland (avril)

1989 Le pétrolier Exxon-Valdez s'échoue sur les côtes de l'Alaska (24 mars)

1992 Conférence des Nations unies sur l'environnement et le développement (CNUED) de Rio, autrement appelé *Sommet de la Terre* (3-14 juin)

96 Le développement durable, nouvelle idéologie ?

1997 Conférence de Kyoto (1-10 décembre)

2000 Sommet du Millénaire de New York (6-8 septembre)

2002 Conférence sur le développement durable de Johannesburg (26 août-4 septembre)

2005 Entrée en vigueur du protocole de Kyoto (16 janvier)

2005 L'ouragan *Katrina* balaie la Nouvelle-Orléans (29 août)

2005 Le Parlement français adopte la charte de l'environnement (28 janvier)

2007 Le Grenelle de l'environnement réunit les différentes parties prenantes françaises et convient d'un grand nombre de mesures (phase finale 24-25 octobre)

2007 Le GIEC et Al Gore reçoivent conjointement le prix Nobel de la paix (10 décembre)

2007 La Conférence sur le changement climatique de Bali aborde les problématiques de l'après-2012 (3-14 décembre)

2008 La Conférence sur le changement climatique de Poznań travaille au rapprochement de la Chine, de l'Inde et de la nouvelle administration américaine (1-12 décembre)

2020 20 % de l'énergie utilisée par l'Union européenne devra provenir de sources renouvelables, 20 % d'efficience énergétique auront été gagnés, les émissions de gaz à effet de serre auront été réduites de 20 % par rapport à 1990 (objectifs pris par les 27 États membres de l'Union européenne le 8 et 9 mars 2007)

Index

1

11 septembre 2001, 32

A

achats responsables, 15
Agarwal, Anil, 62
Agence internationale de l'énergie (AIE), 46, 47, 58
Agence internationale de l'énergie atomique (AIEA), 66, 67
Agenda 21, 28, 29, 70
Ahmadinejad, Mahmoud, 46
Aichi (exposition universelle), 93
altermondialisme, 89, 94
Amoco Cadiz, 23
Annan, Kofi, 28, 75, 91
Antoine, Serge, 22
Arafat, Yasser, 90
Arrhénius, Svante, 36
Artisans du Monde, 50, 52
Artus, Patrick, 46

B

Bhopal, 23
biocarburant, 58
biomasse, 58
Blair, Tony, 72, 73
blue washing, 79

Boycott, Charles Cunningham, 54
BP, 79
Brandt, Willy, 90
Brent-spar, 80
Briand, Aristide, 90
Brooks, David, 49
Brundtland, Gro Harlem, 25
Bureau français de vérification de la publicité (BVP), 81
Bush, Georges, 62, 63
Bush, Georges W., 63, 73

C

CAC 40, 77
capitalisme, 61, 89
Carson, Rachel, 36
Carter, Jimmy, 91
Center for Naval Analysis, 92
Chamberlain, Austen, 90
changement climatique, 29, 43, 92
Char, René, 87
charte
  de l'environnement, 73
  des Nations unies, 86
  des Nations-Unies, 86
Chavez, Hugo, 44
Chirac, Jacques, 33, 70, 71, 72
chlorofluorocarbures (CFC), 23

Cicéron, 85
Clinton, Bill, 62
Club de Rome, 21, 22, 36
Cochet, Yves, 48
Collectif de l'éthique sur l'étiquette, 53, 54
Comité Nobel, 90, 91, 92
commerce
  équitable, 15, 49, 50, 52, 53, 54
  éthique, 49
Commissariat à l'énergie atomique (CEA), 65
Commoner, Barry, 36
conférence
  de Kyoto, 30, 62
  de Rio, 30, 61, 62, 63
  des Nations unies pour le commerce et le développement (CNUCED), 50
  des Nations unies sur l'environnement et le développement (CNUED), 25
consommation citoyenne, 15, 49, 53, 54
contrat
  culturel, 93
  éthique, 93
  naturel, 93
  social, 93
convention
  d'Ottawa, 64
  des Nations Unies contre la corruption, 75
Cordobes, Stéphane, 22
couche d'ozone, 23
Cour pénale internationale (CPI), 65
croissance
  durable, 89
  zéro, 22
cycle de vie, 58

D

Dae Jung, Kim, 91
Dalaï Lama, 90
Davos (forum économique de), 75
déclaration
  de Rio, 26, 75
  des Forêts, 29
  relative aux principes et droits fondamentaux au travail, 75
  universelle des droits de l'Homme, 75
décroissance soutenable, 89
déforestation, 24, 38
Dekker, Eduard Douwes, 49
démocratie, 15, 62, 90, 91
désertification, 24
Deutscher Aktienindex (DAX), 79
développement soutenable, 18, 25
Domini 400 Social Index (DS 400), 56, 57
Dorst, Jean, 36
droits de l'Homme, 29, 91
Dupuy, Jean-Pierre, 35, 36

Index

Durance, Philippe, 22

E

Ebadi, Shirin, 91
écoconception, 15, 83
écodéveloppement, 22
écologie, 15, 21, 22
écologie industrielle, 15
économisme, 88, 89
EDF, 31
effet de serre, 35, 40, 42
Elkington, John, 18
énergie
  de fission, 65, 66
  de fusion, 65, 66, 67
  fossile, 57
  nucléaire, 48
  photovoltaïque, 58
  renouvelable, 15, 48, 57, 58, 80, 83
  solaire, 58
éolienne, 58
États-Unis, 18, 22, 30, 31, 41, 44, 46, 51, 55, 56, 61, 62, 63, 64, 65, 67, 69, 73, 78, 91
Exxon-Valdez, 78

F

Fairtrade Labelling Organizations International, 53
Farman, Joseph, 23
Fermi, Enrico, 65
Financial Times Stock Exchange, 79

fonds
  d'exclusion, 55
  de pensions, 56
  socialement responsable, 55, 57
Fortune, 78
futuribles, 86, 87

G

Gandhi, 53
gaz à effet de serre
  CO_2, 30, 40, 58, 61, 82
  gaz à effet de serre, 29, 30, 31, 33, 62, 64, 73
  méthane, 40
générations futures, 16, 25, 56, 70, 72, 86, 87
Georgescu-Roegen, Nicholas, 89
géothermie, 58
Global Compact, 28, 75, 76, 77
goodwill, 77
Gorbatchev, Mikhaïl, 90
Gore, Al, 62, 90, 91
gouvernance, 19, 28, 71
green technology, 15
Greenpeace, 80
Greenspan, Alan, 48
greenwashing, 79
ground zero, 32
Groupe d'experts intergouvernemental sur l'évolution du climat (GIEC), 90, 91
Groupe des 77, 63

guerre
 de la banane, 51
 du *Kipour*, 47
 Iran-Irak, 47
Guillebaud, Jean-Claude, 88

H

Halte à la croissance, 21
Haute qualité environnementale (HQE), 83
Holgersson, Bengt, 43
houlomotricité, 58
hydrolienne, 58

I

innovation, 15
investissements
 éthiques, 15
 socialement responsables (ISR), 54, 55, 56, 57
Ioukos, 45
IPSOS, 53
ITER, 65, 66, 67, 68

J

Jacquard, Albert, 39, 89
Joliot-Curie, Frédéric, 65
Jonas, Hans, 37, 44, 86, 93

K

Kaabi, Moncef, 46
Kagan, Robert, 68, 69
Kessler, Denis, 77

Khodorovsky, Mikhaïl, 45
King, Martin Luther, 90

L

Lagos, Rigardo, 72
Lec, Stanislaw, 18
Libaert, Thierry, 79
libéralisme, 15, 88, 89
loi sur les nouvelles régulations économiques, 82
Lula da Silva, Luiz Inacio, 72

M

Maathai, Wangari, 91
Malraux, André, 31, 94
Malthus, Robert, 35
marémotricité, 58
Marx, Karl, 36
Maslow, Abraham, 32
Massachusetts Institute of Technology (MIT), 36
Max Havelaar, 49, 52
Mayor, Federico, 87, 93
Meadows, Dennis, 36
Medef, 77
Mère Teresa, 90
Mjøs, Ole Danbolt, 91
Mohamad, Mahathir, 61
Monod, Jérôme, 22

N

Nimby, 37
Nimto, 37
Nobel, Alfred, 90

Notre maison brûle, 70

O

Observatoire de la réputation, 77
Organisation
   des Nations unies (ONU), 22, 25, 29, 30, 50, 70, 75, 76, 86, 91, 92
   des Nations unies pour l'éducation, la science et la culture (Unesco), 21, 73, 86
   des Nations-Unies (ONU), 31, 46, 61, 63, 70, 72, 75, 86
   des Nations-Unies pour l'éducation, la science et la culture (Unesco), 73
   des pays exportateurs de pétrole (OPEP), 47
   internationale du travail (OIT), 75
   mondiale du commerce (OMC), 73
ouragan
   Gustav, 45
   Katrina, 38, 45

P

parties prenantes, 19, 28
pays les moins avancés (PMA), 61
Peccei, Aurelio, 21

Pentagone, 65
People-Planet-Profit, 17
Peres, Shimon, 90
permis à polluer, 30, 62
pile à combustible, 58
Platon, 85
pluies acides, 24
Poujade, Robert, 22
principe
   de précaution, 27, 73
   du pollueur-payeur, 27
Prodi, Romano, 71
progrès, 18, 30, 31, 32, 36, 72, 87, 89, 93
projet de constitution de l'Union européenne, 72
protocole de Kyoto, 27, 30, 33, 63, 64, 65, 92

R

Rabin, Yitzhak, 90
Raoni, 24
rapport Brundtland, 16, 24
rapport Stern, 39
Rawl, Lawrence G., 78
réchauffement climatique, 38, 43, 61, 73
responsabilité sociétale des entreprises (RSE), 81
Ricardo, David, 35, 36
Rifkin, Jeremy, 69
Rumsfeld, Donald, 69

S

Sachs, Ignacy, 22
Sakharov, Andreï, 67, 90

Scheer, Hermann, 59
Schwab, Klaus, 75
Schweitzer, Louis, 88
Shell, 23, 45, 80
sin stocks, 55
Smith, Adam, 44
sobriété, 59
sommet
   de Gleneagles, 73
   de Johannesburg, 33
   du Millénaire, 31, 73
   mondial du développement durable, 71
SP 500, 57
Sting, 24
stratégie
   de Lisbonne-Göteborg, 71
   mondiale de conservation de la nature, 25
Stresemann, Gustav, 90
Strong, Maurice, 22

T

Tchernobyl, 24, 37
think tank, 21
Tokamak, 67
traité
   d'Amsterdam, 72
   de Maastricht, 72
   de Nice, 72
Trente glorieuses, 21
Triple bottom line, 18
Trois glorieuses, 21

U

Union européenne, 46, 51, 62, 67, 68, 71, 72, 73
Union internationale pour la conservation de la nature (UICN), 21, 25

V

Valéry, Paul, 37
Vatel, François, 78
Villepin, Dominique (de), 69, 70

W

Walesa, Lech, 90

Y

Yevgenyevich Tamm, Igor, 67

Z

Zapatero, José Luis, 72

L'HARMATTAN, ITALIA
Via Degli Artisti 15 ; 10124 Torino

L'HARMATTAN HONGRIE
Könyvesbolt ; Kossuth L. u. 14-16
1053 Budapest

L'HARMATTAN BURKINA FASO
Rue 15.167 Route du Pô Patte d'oie
12 BP 226
Ouagadougou 12
(00226) 76 59 79 86

ESPACE L'HARMATTAN KINSHASA
Faculté des Sciences Sociales,
Politiques et Administratives
BP243, KIN XI ; Université de Kinshasa

L'HARMATTAN GUINÉE
Almamya Rue KA 028
En face du restaurant le cèdre
OKB agency BP 3470 Conakry
(00224) 60 20 85 08
harmattanguinee@yahoo.fr

L'HARMATTAN CÔTE D'IVOIRE
M. Etien N'dah Ahmon
Résidence Karl / cité des arts
Abidjan-Cocody 03 BP 1588 Abidjan 03
(00225) 05 77 87 31

L'HARMATTAN MAURITANIE
Espace El Kettab du livre francophone
N° 472 avenue Palais des Congrès
BP 316 Nouakchott
(00222) 63 25 980

L'HARMATTAN CAMEROUN
Immeuble Olympia face à la Camair
BP 11486 Yaoundé
(237) 458.67.00/976.61.66
harmattancam@yahoo.fr

647708 - Avril 2016
Achevé d'imprimer par